◎ 教育部人文社科规划基金项目（18YJAZH013）
◎ 湖南省社科基金一般项目（17YBA156）
◎ 教育部哲学社会科学研究重大课题攻关项目（11JZD018）

基于分享经济的
绿色农产品市场发展研究

Research on Development of Green Agricultural
Products Market Based on Sharing Economy

◎邓明君　向国成　著

吉林大学出版社

·长春·

图书在版编目（CIP）数据

　　基于分享经济的绿色农产品市场发展研究 / 邓明君，向国成著 . — 长春：吉林大学出版社，2019.8

　　ISBN 978-7-5692-5706-9

　　Ⅰ . ①基… Ⅱ . ①邓… ②向… Ⅲ . ①绿色农业－农产品市场－经济发展－研究－中国 Ⅳ . ① F323.7

　　中国版本图书馆 CIP 数据核字 (2019) 第 216384 号

书　　名	基于分享经济的绿色农产品市场发展研究
	Research on Development of Green Agricultural Products Market Based on Sharing Economy

作　　者　邓明君　向国成　著

策划编辑　李承章

责任编辑　安　斌

责任校对　赵　莹

装帧设计　朗宁文化

出版发行　吉林大学出版社

社　　址　长春市人民大街 4059 号

邮政编码　130021

发行电话　0431-89580028/29/21

网　　址　http://www.jlup.com.cn

电子邮箱　jdcbs@jlu.edu.cn

印　　刷　湖南众鑫印务有限公司

开　　本　710mm×1000mm　1/16

印　　张　14

字　　数　200 千字

版　　次　2019 年 8 月　第 1 版

印　　次　2019 年 8 月　第 1 次

书　　号　ISBN　978-7-5692-5706-9

定　　价　88.00 元

邓明君　1976年生，湖南宜章人，应用经济学博士。2018年取得湖南科技大学应用经济学博士学位，现为湖南科技大学产业发展大数据与智能决策湖南省工程研究中心副教授。主要研究方向为农业绿色发展、环境足迹、可持续发展战略，发表论文30余篇，其中以第一作者公开发表SSCI论文2篇、CSSCI/CSCD论文9篇，主持完成国家社科基金青年项目1项、国家社科基金重大招标项目子课题1项、教育部人文社会科学青年基金项目1项，主持在研教育部人文社会科学规划基金项目1项、湖南省社会科学基金项目1项，参与完成多项国家级、省部级科研项目。

向国成　1965年生，湖南岳阳人，经济学博士、二级教授、博士生导师，湖南省"121人才工程"第一层次人选，湖南省第十届哲学社会科学优秀成果奖一等奖获得者(主持，2010)。江西财经大学产业经济学专业博士毕业(2004)，澳大利亚MONASH大学访问学者(2006—2007)，现为湖南工商大学经济与贸易学院院长。主要研究方向为分工经济学与中国经济发展问题、新时代共同富裕问题等，在《管理世界》《经济学季刊(中国)》《经济学动态》《中国农村经济》《中国农村观察》《数量经济技术经济研究》《财贸经济》

《中国软科学》《世界经济文汇》等刊物发表论文80余篇，《分工与农业组织化演进》一文为《中国经济学2007》收录；出版著作、译著《小农经济效率分工改进论》《我国产业结构调整的污染减排效应及策略研究》《反垄断政策的哲学基础》《反垄断经济学前沿》《战略、经济组织与知识经济》5部。先后主持教育部哲学社会科学重大课题攻关项目、国家社科基金项目等课题。

前　言

　　针对中国农业目前存在的过量施用化肥农药、有机肥资源利用率低、面源污染严重、土壤污染严重和产品质量安全等问题，党中央明确提出"农业绿色发展"战略。中国农业绿色转型的关键在于绿色农产品市场发展，而绿色农产品市场发展的关键又在于破解信任危机和实现多方联盟合作。以信任为基础的多方联盟合作同样遭遇信任危机，分享经济为解决上述问题提供了新思路。因此，研究基于分享经济的绿色农产品市场发展问题有着重要的理论意义与现实意义。本书运用文献研究、演绎分析、超边际分析、博弈分析和案例研究等方法，基于相关理论，系统研究了分享经济与市场发展的关系、绿色农产品分享经济平台 APP 的市场有效性逻辑、分享经济平台推动绿色农产品市场信任机制与合作机制建立的机理、分享经济视角下中国绿色农产品市场发展案例。主要研究成果如下。

　　基于分工网络效应与交易成本的两难冲突，构建新兴古典超边际分析模型，揭示了分享经济发生、演变的内在机理及其市场发展效应。研究结果表明：如果将分享经济视为信息时代新的分工组织结构与形式，那么新兴古典框架比新古典框架更适合分析分享经济；分享经济发生、演进的内在机理是基于分工网络效应与交易成本这一基本矛盾，且分享经济的产生具有门槛限制；随着不断提高交易效率、不断提升专业化水平和扩展分工网络，分享经济将促进平均劳动生产率提高、劳动力跨部门转移、市场容量扩大、人均真实收入增加，并且它们会形成正向经济反馈网络，进一步推动经济发展，这正是分享经济的经济发展效应。

针对因分享经济中的免费现象而质疑外部性理论的现象，应用博弈分析等方法解析了绿色农产品分享经济平台 APP 的市场有效逻辑。产权动态化研究结果表明：节省界定产权的外生交易成本与节省产权界定不清引起的内生交易成本，这两者之间冲突的权衡决定了产权清晰程度，从而最终决定了 APP 在哪些环节免费、哪些环节收费；分享经济中呈现出的免费现象并不是市场失灵理论的失灵，而是分享经济的网络分工效应，以及基于用户资本化与产权动态化的外部性市场有效，这促使新经济中生产者与消费者间更为灵活地转换角色，从而能够极大地利用闲置资源和激发潜在消费，促进分享经济的发展，此逻辑能很好地解释"滴滴出行"软件平台商一体化的形成，同样可以指导绿色农产品市场的发展。

基于理性计算的信任行为研究的局限性，提出从理性计算到认知博弈的信任逻辑分析范式的转变，并应用认知博弈理论与方法分析分享经济下绿色农产品市场的信任逻辑。结果表明：经济学计算的信任行为代价或成本并不是信任本身，它忽略了决策的外生变量和博弈信念的决定性作用，遗漏的理论点正是关于损失收益认知、信念的逻辑；信任关系是一种信念结构，它先于博弈过程，并在博弈过程中强化和改变；信念结构是嵌入在博弈结构过程之中的，这是认知博弈的理论出现以后，人们才有关于信任在人类社会行为中认识的新进展；购买就意味着信任，整个市场中信任绿色农产品的消费者比例、绿色农产品的生产成本与售价，这些是影响生产者选择生产绿色农产品和消费者选购绿色农产品的关键因素。

构建以分享经济平台为核心的绿色农产品市场多方联盟模型，分析其有效性，并分析分享经济下相关主体参与绿色农产品市场多方联盟的意愿。研究结果表明：分享经济下，多方联盟模式对绿色农产品市场发展有效；当绿色农产品分享经济平台选择不提供全面服务时，具有互惠动机的绿色农产品生产者越倾向于选择不合作；绿色农产品生产者选择合作需要满足一个前提条件，即绿色农产品生产者通过绿色农产品供应链所节约的经营成本大于其交易中对绿色农产品分享经济平台的让利；绿色农产品分享经济平台可以通过设计绿色农产品供应链合作机制，提高绿色农产品生产者选择合作的概率。

基于前面理论研究成果，分析了艾米会定制共享农场服务运营商发展、恒大兴安绿色粮油品牌发展、湘潭市俏仙女农牧公司绿色基地发展案例。研究结果表明：艾米会定制共享农场服务运营商在全球首创共享农田模式，是典型的农业分享经济，创新了绿色农产品市场发展模式；恒大兴安在电商平台中没有严格区分绿色认证粮油与其放心粮油，导致消费者无法准确辨认这两类产品，且其粮油产品的定价超出了绝大多数绿色农产品消费者的保留定价，直接导致其电商平台销量低迷；湘潭市俏仙女农牧公司的绿色农产品定价比较接近最优市场定价，但该公司的绿色农产品生产模式推广度一般，绿色农产品市场容量不够。

作者

目 录

第一章 绪 论

1.1 研究的背景和意义

1.1.1 研究的背景

1.1.1.1 难以为继的中国化学农业模式亟待农业绿色转型

中国农业存在高资源消耗问题：

(1)中国农业过量施用化肥。中国仅拥有全球7%的耕地，但化肥使用量却是全球化肥消费总量的35%以上。历年中国农业化肥施用的情况如图1.1所示。中国农业每亩(1亩≈666.7平方米)化肥施用量严重偏高，远高于世界平均水平(每亩8公斤)，是欧美的2.5倍以上。中国由煤炭生产的氮肥占70%以上，氮肥生产每年消耗约1亿吨标准煤，且还是高耗能工业。

(2)中国农业过量施用农药。中国是世界第一农药消费大国，其中主要是化学农药(主要包括杀虫剂、杀菌剂、除草剂)，占世界总施用量的1/3，平均每亩用药比发达国家高出一倍以上[①]。中国农药表观消费量走势如图1.2所示。

(3)中国有机肥资源的利用率偏低。目前，中国有机肥资源总养分约7000多万吨，实际利用率不到40%，其中，畜禽粪便的还田利用率仅达50%左右，

....

① 资料来源：中国农药网，农资供给侧改革系列调查之五 农药：化解产能过剩走向安全环保，http://www.agrochemnet.cn/info/detail-20160601-75480.html。

农作物秸秆的还田利用率仅达35% 左右[①]。

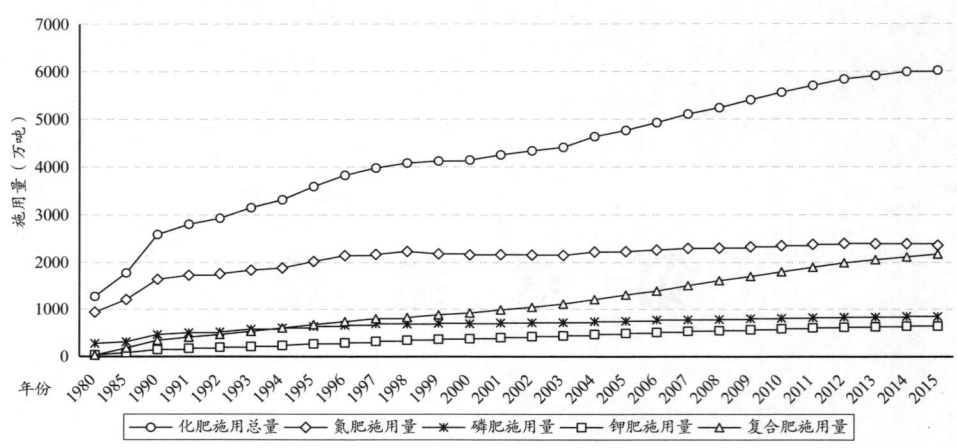

数据来源:《中国统计年鉴 2016》。

图1.1　1980—2015年中国农业化肥施用情况

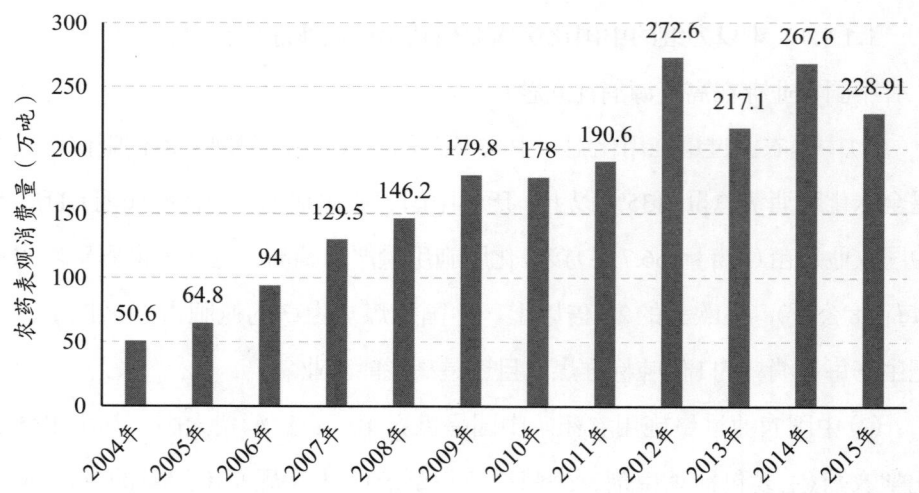

资料来源：国家统计局、中国海关。

图1.2　2004—2015年中国农药表观消费量走势

---

① 资料来源：农业部种植业管理司，农业部关于印发《到 2020 年化肥使用量零增长
行动方案》和《到 2020 年农药使用量零增长行动方案》的通知，http://jiuban.moa.
gov.cn/zwllm/tzgg/tz/201503/t20150318_4444765.htm。

中国农业存在环境污染严重问题：

(1) 中国农业氨气排放过量持续推高了中国 PM2.5 指数。目前中国每年人为源氨排放量在 1300 万吨以上 (孔令钰, 2014)，而近百分之九十的氨排放来自农业 (Huang et al., 2012)。自 20 世纪末，国内外学者应用扩散模型、受体模型，在 PM2.5 浓度较高的区域，模拟并揭示了 NH_3 排放在 PM2.5 二次颗粒物形成、转化及沉降过程中的作用 (Pinder, 2008; 杨妍妍, 2015)。近年来，国内学者通过测量中国 PM2.5 的化学组分后发现，中国 PM2.5 的 25%~60% 质量浓度来自铵盐等气溶胶 (Yang et al., 2011; 韦莲芳等, 2015)。国内学者发表在《自然》(Nature) 的研究成果指出，实现氮肥和畜牧业等农业源氨的减排，是当前中国控制铵态氮沉降的主要立足点 (Liu et al., 2013)。而绿色农产品生产过程中，可以有效地利用有机肥资源，使氨排放量减少。

(2) 中国农业的大量氮、磷和化学需氧量排放已造成严重水体污染。中国沿岸海域的海水富营养化严重，赤潮和绿潮的暴发频率与面积不断上升。五大淡水湖中的太湖、巢湖和滇池均已成为重富营养化湖泊，不断暴发蓝藻污染。水体的化学需氧量超标和富营养化，因缺氧而导致众多水生动物数量减少，甚至大量死亡。中科院南京土壤研究所的相关研究表明，中国每年通过地表水径流进入江河湖泊的氮高达 123.5 万吨，进入地下水的氮高达 49.4 万吨。每年从珠江、黄河和长江输出高达 97.5 万吨溶解态无机氮，农业贡献了 90% 的无机氮，其中 50% 又归因于大量施用氮肥。1994 年以来，中国农科院抽样调查了北京、天津、河北、山东、陕西等地 20 个县的 600 多个点位，结果显示，北方的集约化高氮肥施用量地区，20% 的地下水硝酸盐含量超过中国饮用水标准 89 毫克，45% 的地下水硝酸盐含量超过发达国家饮用水标准 50 毫克 (程存旺等, 2010)。

(3) 中国过量施用化肥农药导致土壤污染。由于化肥的原料开采与加工会带进一些重金属元素，过量施用化肥导致土壤受到重金属污染。同时，常规化学农业由于作物本身对虫害耐受力差，因此需要多施农药。云南农业大学测算，每年使用的大量农药作用于目标病虫的仅0.1%左右，剩下99.9%的都进入了生态系统，造成大面积土壤的激素、重金属污染。环保部与国土部2010年完成中国国土面积约630万平方公里小比例尺调查，结果表明耕地污染超标率为19.4%，超标面积约3.5亿亩，其中耕地约有1.2亿亩为三类和超三类土壤，农作物种植同样存在潜在风险①。

中国农业存在质量安全问题：

(1)种植业方面。中国农业过度施肥加速土壤酸化、有机质含量下降和土壤板结，威胁中国长期粮食安全。重金属和有毒元素重金属进入土壤后无法被微生物所降解，而且会通过食物链不断富集在生物体内，甚至可能转化为甲基化合物类的毒物，在人体内积累并最终危害健康。由于频繁的氮肥施用过量，导致蔬菜的硝酸盐含量会严重超标，含镉、砷和氟等有害物质的某些磷肥增加了粮食、蔬菜中的重金属和氟含量。由于大量施用农药，中国市场上的蔬菜瓜果经常有农药残留超标情况。

(2)养殖业方面。中国畜禽养殖业、养殖渔业的农产品质量安全事件多发，出现了"苏丹红鸭蛋事件""孔雀绿鱼虾事件""三聚氰胺毒奶粉事件""双汇瘦肉精事件"等。"瘦肉精"的滥用早已不是新闻，但2017年的3·15晚会又曝光了一种新型"瘦肉精"：喹乙醇，多种禁用药品被滥用，而且这种情况还不是个例，影响面非常广泛。在调查新型"瘦肉精"的过程中，记者发现许多饲料中不仅仅添加了能提高瘦肉产量的违禁药品，还有抗生素。食用含有抗生素的动物肉类虽然不会直接影响人体的健康，但是人吃了带抗生素的肉后会产生"耐药性"，如果再遇到疾病需要服用抗生素，抗生素的治疗效果将会被大大降低。2015年，在中国发现了携带对黏菌素具有耐药性的基因"mcr-1"的细菌，这已经能充分说明滥用抗生素已经给人类的健康产生了不良影响。

----

① 中国农资，农业面源污染氮磷被"点名"化肥零增长圈定行业"拐点"，http://www.fert.cn/news/2014/12/8/20141288253223148.shtml。

1.1.1.2 党中央明确提出"农业绿色发展"战略

在农业同时面临着资源、环境和安全三大问题背景下，国家战略层面也意识到农业绿色转型的重要性。2015年中央一号文件的战略性任务就是要"深入推进农业结构调整"，建议从供给侧结构性改革入手，有必要增加绿色和有机安全农产品的供应，降低普通农产品的供给，扩大特色农产品的供应量。利用结构调整，促使农业生产从重数量为主转为数量与质量并重，更要关注效益，以市场为导向，更好地满足消费者高品质需求。2015年12月的中央农村工作会议提出要推动中国农业供给侧的结构性改革，提高农业供给的效率和质量，提供满足当前消费者需求的数量充足、多品种和高质量农产品，真正形成一个结构合理的农产品有效供给体系。2016年的中央一号文件首次提出"农业供给侧结构性改革"和强调"农业绿色发展"。2016年3月8日，习近平参加全国人民代表大会湖南代表团审议时提出，改革和完善农业政策，推进农业的供给侧结构性改革、提高农业的竞争力与综合效益是中国农业当前和今后一个时期的主要努力方向。在制度改革上，提出要建立促进农业生产的保障制度和激励制度，目前中国最缺优质农产品，所以政府应该大力鼓励农民去生产优质的农产品。政府应建立项目资金、基础设施保障和银行贷款等方面相关制度，去激励和引导农户生产优质农产品。2017年的中央一号文件则强调要深入推进农业供给侧结构性改革，通过推行绿色生产方式和优化农产品产业结构，提升土地产出率、劳动力生产率和资源利用率，推进"三农"发展模式从资源过度消耗、满足数量需求向追求绿色可持续、注重质量需求方向转变。2018年9月26日，中共中央国务院印发《乡村振兴战略规划(2018—2022年)》，在"第六篇 建设生态宜居的美丽乡村"中"第十九章 推进农业绿色发展"提出以生态环境友好和资源永续利用为导向，推动农业应用绿色生产模式，实现投入品减量、清洁生产、资源化废弃物、产业生态化，提高农业的可持续发展能力。

1.1.1.3　中国农业绿色转型的关键在于绿色农产品市场发展

是否通过农业的供给侧结构性改革，激励农民生产优质农产品，就能够解决当前农业绿色转型问题？答案是否定的，因为它忽视了关键的市场交易，生产与消费两者之间相互促进和相互制约，市场的发展是一个由消费者和生产者共同推动的动态过程。如果消费者不为绿色农产品买单，由于农产品保质期短，将造成产品积压变质，反而让绿色农产品生产者遭受更大损失。例如，2014年8月，恒大集团斥巨资高歌进军绿色农产品市场，但由于销售不景气，最终在2016年9月底出售粮油、乳业。如图1.3所示，依据 Deng 等(2018)论文中提供的2001—2015年中国认证绿色食品企业和产品数量，在2015年，中国有9579家企业有绿色食品认证，共有绿色认证产品23386种，获得绿色认证的企业和产品如此之多。但现实中，在中国市场上我们很少看到绿色农产品，绿色认证产品与绿色农产品市场规模严重不符，原因在于国内的补贴模式只鼓励绿色农产品认证，而不管绿色农产品市场发展，多数企业存在"漂绿行为"。这种现象在国外同样存在，Argyropoulos 等(2013)指出了希腊有机农场存在没有有机农产品的现象。

1.1.1.4　破解信任危机将是中国绿色农产品市场发展的关键

那么，为什么中国绿色农产品生产者难以实现持续经营呢？是中国消费者没有购买优质安全食用农产品的需求吗？事实不是这样，当今中国普遍存在一种奇怪现象：一方面，消费者对食品质量要求不断上升，对于那些尤其需要关注其质量安全的食品(比如奶粉)可以不计成本而到海外去购买；而另一方面，消费者对国内所谓的"无公害、绿色和有机食品"等优质农产品的支付意愿却不高，学者们研究获得的溢价水平数据普遍不高(姜百臣等，2013)[①]。关键

----

① 例如，靳明、赵昶（2008）调查得出，消费者支付绿色农产品愿意的溢价水平为20%～30%。胡卫中等（2010）研究发现，虽然消费者支付可追溯绿色猪肉的意愿显著高于不可追溯的绿色猪肉，但是他们仅愿意为可追溯绿色猪肉支付10%～20%的溢价。

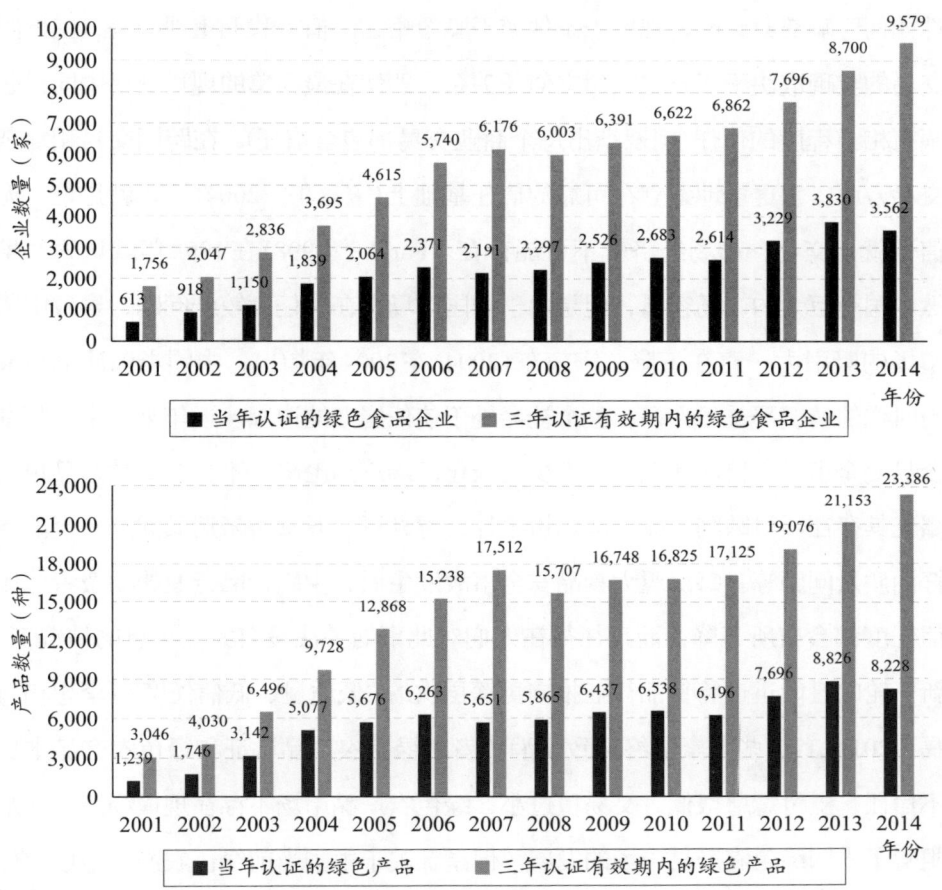

数据来源：绿色食品年度统计报告(2001—2015)，中国绿色食品发展中心（ http://www.moa.gov.cn/sydw/lssp/zl/tjnb/, 2016-10-12）。

图1.3　2001—2015年中国绿色食品企业和产品认证数量

原因在于绿色农产品的生产者与消费者缺乏信任，绿色农产品生产者难以实现规模经济。理论研究表明，信任是人类社会互动过程中一个必要成分，能够促进社会交换和经济交易的产生，长久以来被视为合作行为的一个关键前提（Krueger et al., 2007）。交易的发生必须满足两个前提：一是交易可以为双方带来总收益增加；二是当事人在某种程度上信任交易伙伴等相关对象。这些是交易发生的必备条件，缺少一条都不行。然而，传统经济分析仅仅关注前一条件如何影响交易，而忽视后一条件或干脆忽略它。值得我们重视的是，主体间交易的实现取决于双方之间建立信任关系，即使在最简单的现货交易中同样必须有相当程度的信任(阿罗指出每个商业交易都包含信任)，在跨期交易和复杂交易方面，它更多地建立在可靠的信任基础上(宋言东，2004)。也就是说，无信任就无交易，市场经济就不可能存在。Parkhe (1998)在1998年就认为，虽然中国有巨大的市场容量，但是由于中国市场存在信任度较低问题，导致中国市场的吸引力一直在下降。宋言东(2004)在2004年指出，中国当前比 Parkhe 当时说的情况严重了许多，整个社会处于信任崩溃的边缘。近年来，中国频发食品安全事故，且愈演愈烈，不少大众化低端产品沦陷，不少较高端产品也被曝光其存在质量缺陷，如三鹿奶粉事件、毒豇豆、五常香米造假问题、金浩茶籽油质量问题等。每次重大食品安全事故发生后，中国食品行业的消费者总体信任度都会有所下降，而且往往在人们对此事的关注没有完全平息的情况下，新一轮的丑闻迅速将食品行业推向更深层次的"低质量、低信任度"(李想和石磊，2014)。这些因素最终导致了消费者对绿色农产品认证和绿色农产品本身不信任，支付意愿很低，交易量过小，绿色农产品市场不存在规模经济，严重阻碍了中国绿色农产品市场的发展。但是，关于中国当前绿色农产品市场信任危机的形成机理，如何破解中国绿色农产品市场信任难题，以及如何加快中国绿色农产品市场发展，理论界对这些问题的研究还不够深入。

1.1.1.5 分享经济为中国绿色农产品市场发展提供了新思路

在信任崩溃的情形下，绿色农产品会回到自给自足的生产流通模式上来，现实中，人们会发现身边极个别有条件的人会去种植放心有机蔬菜。但是，这些人通常难以种植绿色水果，更难开展绿色畜禽和水产品养殖。所以，自给自足模式根本无法满足人们对绿色农产品的需要。现实中，中国有许多贫穷落后地区，有着大量的青山绿水，以及完全达到绿色有机种植标准的土地资源。然而，由于绝大多数绿色农产品的生鲜易腐和保质期短特性，交易成本、经营风险等问题，这些青山绿水一直成为闲置资源。当前分享经济的飞速发展，将为中国绿色农产品市场发展提供一个全新思路。从理论上讲，分享经济的颠覆效应来自互联网普及所带来的信息不对称减少、交易成本下降，压缩了传统企业的边界。互联网提高了信息传递效率、信息甄别效率和供需匹配效率，大数据有利于信用记录的完善和市场自身信用约束力的增强，快速扩展的社交网络有利于实现规模经济。随着传统企业边界的缩小，"生产者－分享平台－消费者"的分享商业模式逐渐在取代传统的商业模式①。如果在有提供全面服务的情形下，绿色农产品生产者和消费者将有可能与分享平台形成联盟，实现重复博弈，甚至形成团购，将有效促进绿色农产品市场的形成与发展。

综上所述，本专著提出研究分享经济下绿色农产品市场的发展问题。

1.1.2 研究的意义

研究的理论意义：(1)从理论层面证明分享经济促进市场发展的机理，丰富了分享经济研究内容；(2)应用认知博弈方法研究绿色农产品市场信任危机形成机理，揭示绿色农产品市场"低质量－低信任"的信任危机形成机理，将拓展经济领域中的信任研究内容；(3)应用合作博弈方法论证专业电商平台推进绿色农产品市场发展的有效性，丰富了合作博弈研究内容；(4)研究成果将为中国相关部门制定绿色农产品市场发展机制提供理论依据。

研究的现实意义：随着中国经济发展和不断上升的人民生活水平，消费者的食品需求和消费模式发生了巨大变化，生鲜农产品因其新鲜、美味、营养丰富的特点而越来越受到人们的重视。然而，生鲜农产品具有易腐烂和难以储存等自然特征，使得生鲜农产品在其生产、加工、流通、消费等环节都易出现问题，食品安全事件众多都来自生鲜农产品，是食品安全管理工作的重点。如

---

① 资料来源：姜欣欣.共享经济的优势和影响，http://www.chinabond.com.cn/Info/ 22061877。

何保证生鲜农产品的食品安全已成为目前中国食品安全研究领域的重要内容（李阳，等，2013）。因此，研究绿色农产品市场发展有着重要现实意义，找到推进绿色农产品市场发展的有效路径，最终有利于中国农业供给侧结构性改革，加快农业高质量发展，同时还有利于生态扶贫。

1.2 绿色农产品的概念与特性

绿色农产品是指依据可持续发展要求，根据规定生产方式生产的优质无污染农产品，其绿色标志需通过专门机构认定与许可。绿色农产品包括绿色的水稻、小麦、水果、蔬菜、畜禽肉和水产品等。中国绿色食品分有 A 级、AA 级两种。其中，绿色食品 A 级允许在生产中限量使用化学合成的农药、化肥和激素等，绿色食品 AA 级则较为严格地要求在生产中不使用化学合成生产资料，土地从生产其他农产品到生产有机农产品需要 2～3 年的转换期，绿色食品 AA 级基本等同于有机食品。

相比普通食品，绿色食品强调生产地具有优良生态环境，通过严格监测产地及其周围生态环境，判定其是否有生产绿色食品的条件，并非简单地禁止化学物质的使用。绿色食品实行"从土地到餐桌"的全程质量控制，并非简单地测定最终产品有害成分含量指标等。同时，政府依法管理绿色食品标志，绿色食品标志由政府授权的专门机构进行管理，有机结合技术与法律手段，使得绿色农产品的生产组织和管理更规范。

与一般农产品相同，某些绿色农产品的保质期更短，这个特性是阻碍绿色农产品市场发展的一个重要因素。农产品质量不仅受生产环境的影响，还受到生产过程的影响，导致农产品本身就存在较大差异；再加上农产品重量、体积、大小等方面的差异，因而难以形成严格的质量标准体系。同时，农产品具有易腐烂变质、不宜存储和运输等缺点，信任在绿色农产品市场中的重要性更加凸显。

理论上，依据消费者掌握产品质量信息的程度，产品可以分为搜寻品(在事前可以确认品质的产品)、经验品(购买使用后才知道品质的产品)、信任品(消费后也无法确认其品质的产品，或者需要个人付出极大成本才能了解其真实品质的产品)三类(Nelson，1970；Darby and Karni，1973)。关于信任品本质特征，专家服务市场中，消费者都面临根本不需要的服务付费、宣称已提供但实际并没得到的服务付费两类信息问题。食品安全是消费者关注的问题，但消费者即使在购买消费后也很难知道食品是否有害健康。同时，虽然消费者大多有食品安全意识，但对于食品安全应达到何种水平并没有明确的目标，而这一目标通常随消费者对自身健康的关注程度和掌握健康知识的程度而有所不同，这是一个非常复杂的问题。在正常情况下，终端食品销售者不是上游生产和销售链中产品的主要参与者和负责人；影响食品安全的质量控制服务分散在整个供应链中。为了确定食品的安全性，除非其安全缺陷之前已经被可信地暴露，消费者通常须付出高昂代价去获得相关评估信息或掌握相关评估技能。

这一信息问题可能导致：

(1)本应当提供一定水平的质量控制服务，但由于消费者没有相应专业知识，最终只能得到较低水平的质量控制服务；

(2)消费者虽然清楚自己需要什么水平的质量控制服务，但是由于验证成本过高，支付高水准付费却没有得到相应水平的服务；

(3)消费者还会由于没有相应专业知识，支付其不需要的某些服务费用。在现实市场里，食品安全问题主要表现在要价过高和质量控制不足，或者质量控制服务处理过头(如"蒙牛特仑苏事件")。

因此，无论是从理论研究的逻辑内涵，还是从现有的有关食品安全问题的文献来看，食品安全都具有信任品特性(李想，2011)。有不少学者将食品安全视为信任品(Mojduszka and Caswell，2000；Hahn，2004；Roe and Sheldon，2007；李想，2011；等)。绿色农产品的绿色与安全存在不可知性和获知真相的高成本，消费者需要独立的第三方专业机构或者政府监管部门对其品质进行鉴定给出评级，释放信号，而消费者会根据自身对这些评级的信任程度做出判断，因此，绿色农产品属于典型的食品安全型信任品。

由于食品安全型信任品的特性，这意味着绿色农产品买卖双方在安全程度方面存在严重信息不对称，并因此可能导致市场失灵(李想，2011)。McCluskey(2000)研究了信息不对称条件下有机农产品买卖双方的博弈行为，结果表明：高质量信誉商品需要重复购买关系和第三方监控；如果能摆脱虚假质量索赔，那么生产者将以更低的生产成本享受更高的价格；有机农产品的价格及其与普通农产品的成本差异将决定最低必需的监测水平。靳明和郑少锋(2006)研究了绿色农产品市场中的博弈行为，研究发现：企业和消费者博弈的纳什均衡解是小量生产与小量购买，这说明绿色农产品市场中的"囚徒困境"现象是在现有约束条件下的企业和消费者的理性选择的结果，是一种市场失灵现象，市场盛行逆向选择行为，结果是绿色农产品被逐出市场，普通农产品充斥市场，最终导致绿色农产品市场交易规模小。

因此，要想发展绿色农产品市场，须先解决绿色农产品市场的逆向选择行为问题。

1.3　国内外文献综述

1.3.1　信任与绿色农产品市场发展相关研究

1.3.1.1　绿色农产品市场的信任危机形成机理研究

目前暂时未见专门的绿色农产品市场信任危机形成机理研究，但国内外在食品安全型信任品信任危机形成机理方面研究已经取得一系列研究成果。

中国食品行业信任危机特点是一家企业发生食品安全事故后，其他未出事企业的产品质量也被消费者严重怀疑。由于农产品市场的品牌信任度较低，很容易受到品牌农产品安全事件的外部冲击，并产生感知风险压力，导致消费者极易出现心理波动，出现悲观、恐慌、逃避和逆反等情绪(青平，2006)。上述情绪也会因"晕轮效应"放大，造成消费者普遍不信任和减少购买品牌农产品，使农产品品牌在市场中的质量信号作用逐渐丧失(张立胜和陆娟，2012)。

"集体声誉"理论框架已成为分析行业信任危机问题的重要视角。Tirole(1996)构建了一个无限期的重复博弈模型，并应用其分析了集体声誉同个体声誉之间的相互作用，分析了这种作用机制激励群体中成员的作用。在该模型中，外部交易者不能准确判断交易对方在其所处群体中的地位，从而不能获悉交易对方的历史声誉，也就不可能实施完全有针对性的奖惩策略来影响其目前的行为。此时，声誉机制在传统个体交易模式下是无效的。但是，通过了解交易对手所在群体的历史声誉，外部交易者可以猜测当前交易个体的历史，并通过对其所在群体实施一定的奖惩策略来影响交易对手目前的行为。Levin(2009)通过将外部环境的动态随机过程引入到 Tirole 的模型中，推广了其无限期的重复博弈模型。国外不少农业经济学者还利用集体声誉框架，剖析了"特产"食品发生的地域信任危机问题(Winfree and McCluskey，2005；Rouviere and Soubeyran，2008；Saak，2012；等)。近年国内的重大食品安全事件中，虽然部分品牌企业在风波中没出问题，但消费者仍质疑其产品的质量，其中不少生产商还是知名企业，其产品还是知名品牌。消费者同样不放心没发生食品安全事故企业的产品质量，并不是因为其不能区分该品牌企业与那些发生食品安全事故的企业。由此可见，由于集体声誉模型逻辑基础是个体身份无法被准确辨别，导致其难以解释中国当前食品行业信任危机问题的形成(李想和石磊，2014)。

对此，李想和石磊(2014)构建了包含道德风险和逆向选择的两期交易模型，博弈中的决策者包括行业内两家企业和一群消费者。首期初，两家企业获知彼此的类型并决定是否投资改善产品质量，首期结束后，外部监管者对行业内产品按规则抽检，低品质产品被抽到且被查出问题将触发"食品安全事件"，而高品质产品则总不发生安全事件；第二期初，结合质量抽检结果，以及自己在首期的产品品质估计，消费者更新其对两家企业的类型和产品质量的估计，然后据此决定是否购买。其研究解释了中国食品和药品等行业面临的严重产品质量信任危机，行业层面的信息不对称是食品和药品等行业信任危机产生的根源，并非单个企业的信息不对称；企业会在行业层面信息对称时坚持提供高质量产品，当此信息变得不对称后，面对竞争者提供低质量产品，以往高质量企业将宁愿也提供低质量产品，从而形成行业信任危机。

行业信任危机甚至波及外国同类商品(该商品使用中国原料生产)，结果传染效应导致国内市场需求转向原料进口或原装进口商品，甚至发展到消费者直接去海外采购。例如，中国奶粉业就遭遇此情况，消费者信任原装进口奶粉或者直接去海外购买奶粉。这反映了中国人民对食品监管制度和整个奶粉行业的不信任。王永钦等(2014)基于中国食品行业的事件研究了信任品市场的竞争效应与传染效应，结果表明：中国的一些主要信任品市场以传染效应占主导，监管制度实施不到位和公众不信任监管制度是中国信任品行业发生信任危机的重要原因。实际上，王永钦等(2014)围绕信任品问题的探讨已经涉及信念形成与行为均衡的关系。

1.3.1.2 绿色农产品市场的信任机制建立研究

国内外学者研究认为信息不对称是发生食品安全问题的主要原因。传统市场竞争机制导出"优剩劣汰"或"良币驱逐劣币"的结论，可信息不对称导出的却是"劣币驱逐良币"。在无限重复博弈条件下，如果企业的未来收益比较高，其将不会通过"以次充好"来提前榨取其声誉(Shapiro，1983)。Kreps等(1993)、Kreps和Wilson(1999)的标准声誉模型和无名氏定理都证明：多阶段重复博弈在不完全信息条件下能够通过合作推动参与者去建立良好的声誉。王秀清等(2002)认为在信任品市场中，企业声誉机制的建立受信息不对称程度的影响，信息极度不对称情形下则需第三方帮助传递信号。

陶善信和周应恒(2012)从相反的逻辑研究了建立食品安全市场有效信任机

制的过程及一般条件。

(1)信任机制形成条件。如果市场只有一种一般产品，生产者面临两种选择：按普通产品的价格一直提供普通产品，或者或按优质产品价格提供优质产品，不存在按优质产品价格提供普通产品的行为。此时，优质产品能否实现优价是市场信任机制形成的关键，即优质产品价格是否可以补偿其成本。

(2)信任机制稳定条件。当优质产品出现在市场中时，生产者会有第三种选择，按优质产品价格却供给普通产品的行为。此时，优价实现优质是市场信任机制稳定的关键，即优质产品价格激励生产者供给真正优质产品。"$\Delta C > 0$ 且 $\Delta P - \Delta C > 0$"成为信任机制在信息不对称市场中被需要的充分条件，否则只有一种产品存在市场中，此时信任机制可以不被需要；"$\Delta C > 0$，$\Delta P - \Delta C > 0$，$\Delta P - \Delta C - C_1 > 0$ 且 $\rho(\Delta P + C') - (C_1 + \Delta C) > 0$"成为有效信任机制能够被市场所建立的充分条件，此时会"良币驱赶劣币"，信息不对称问题会被市场自动解决[①]。

基于上述研究结论，陶善信和周应恒(2012)提出要解决食品安全市场的信息不对称问题，就要扭转其信任机制失效的局面，须控制食品的属性特征、市场结构和流通过程，达到信任机制形成与稳定的条件，最终在食品安全市场中建立有效的信任机制；同时，还建议通过增强消费者食品安全意识来提升其支付食品安全的意愿、通过改进绿色农产品认证效率来提升消费者认知绿色认证的水平、通过缩短安全食品的流通过程来减少生产者的差别化成本及通过改变农户分散经营状况来发展合作化生产经营安全食品建立农户集体声誉等方式，加速建立食品安全市场信任机制。

......

① 一般产品价格为 P，单位生产成本为 C；优质产品价格为 $P + \Delta P$，单位生产成本为 $C + \Delta C$，其中，ΔP 为产品因质量提高而实现的溢价，ΔC 为优质产品相比一般产品每单位生产所增加的成本。生产者为区别开自己的优质产品和一般产品，必须采取差别化经营，但要额外付出差别化的成本，总差别化成本用 TC_1 表示，平均单位产品的差别化成本为 C_1。以次充好行为未被发现的概率为 ρ，平均惩罚成本为 C'。

陈卫平(2013)则从农产品生产经营主体角度提出建立消费者食品安全信任的两种机制。

(1)信息机制。随着科技发展，存在更多的不确定性食品安全信息，生产经营者拥有的食品质量信息和消费者所了解的食品质量信息之间的差距愈来愈大。因此，非常有必要利用明确或潜在的信息去建立消费者食品安全信任，其中最明确的线索就是直接体验产品或者服务，消费者可以借此估计生产者的行为与绩效(Doney et al.，2007)。消费者对生产者的信任水平会因消费者感知到产品和服务品质的程度而被提升。

(2)关系运作。Granovetter(1985)指出行为者之间的关系将约束和影响社会关系经济活动与行为的发生。社会交往中的关系包含着相互之间的义务，而这种义务感会使人的行为值得信任。不履行自己义务的人可能会失去其社会关系网中的相关资源(彭泗清，1999)。由此可见，关系中蕴涵的义务制约着个人行为，那么，我们也可以通过建立和发展关系网来建立消费者食品安全信任。Doney 等(2007)指出帮助生产者与消费者建立信任的关系运作行为包括：促进与消费者的人际关系(社会互动)，与消费者公开沟通，以及理解和关注消费者的需求。陈卫平(2015)指出消费者参与社交媒体有助于提升其消费产品的满意度，有助于建立社会关系，从而增加消费者信任生产者的可能性。

1.3.2　合作与绿色农产品市场发展相关研究

一旦绿色农产品市场盛行逆向选择行为时，绿色农产品市场规模将不断下降，直至生产者无法盈利而倒闭或转为非绿色农产品生产模式。柠檬市场的扭转非常困难，而且需要长时间的努力，那么通过合作发展绿色农产品市场就成为一种重要方式。目前社区支持农业(Community Support Agriculture，CSA)[①]

----

① CSA 概念 20 世纪 70 年代起源于瑞士，在日本取得发展，为获得安全食物，当时的消费者与希望有稳定客户的农民合作。资料来源：https://baike.so.com/doc/5979710-6192674.html。

已成为绿色农产品市场发展的一种重要合作模式。该模式自20世纪70年代诞生以来，已被推广到世界许多国家和地区，并成为绿色有机农业的代表。伊丽莎白和罗宾(2012)将CSA总结成"食品生产者＋食品消费者＋每年的彼此承诺＝CSA和无数可能"。据统计，在2012年底，中国有80家CSA组织分布在深圳、上海、北京等地；而到2017年，中国有500多个CSA项目分布在20多个省市，由原来的一线城市主导转为向二三线城市中快速推进[①]。

CSA是在一定区域内，追求健康安全农产品的消费者与农民签订购销合同，消费者支付一定比例定金，生产者承诺采用绿色农产品生产模式和定期配送的直销模式，共同承担农产品的生产风险，分享农产品生产所带来的收益，是一种消费者与生产者相互信任和追求社会环境可持续发展的农业生产经营模式(O'Hara and Stagl，2001；Brown and Miller，2008；Feagan and Henderson，2009；董欢，等，2017)。CSA实际上是通过关系运作推动绿色农产品生产者与绿色农产品消费者建立信任关系(陶善信和周应恒，2012；王秀清和孙云峰，2002)。由于CSA采用了本地直销的生产经营模式，它促使互不相识的生产者和消费者能够相互认识，同时社交媒体又为他们的相互沟通交流提供平台，这时CSA生产者完全有可能通过关系运作与绿色农产品消费者建立信任合作关系。与其他销售渠道相比，CSA在一定程度上缓解了绿色农产品市场的信息不对称问题，消费者与生产者之间基本实现了重复博弈，最大程度避免CSA生产者的道德风险，最终推进消费者与生产者建立长期的合作信任关系(董欢等，2017)。

尽管CSA已受到广泛关注和认可，不少学者(Groh and McFadden，1997；Henderson and van En，2007)还将其视为农业可持续发展的希望，但与产业化农业相比较，CSA发展得并不十分理想。原因在于以下几点。

....

① 资料来源：小毛驴市民农园——国内CSA农场的发展之路，http://www.sohu.com/a/157533218_656470。

(1) 现实中，CSA 的生产者与消费者主要依赖市集或者在农场中实现对接，或者通过配送实现对接，最终由于对接地理空间有限、农产品价格高昂，使许多消费者难以参与到 CSA 体系中来。

(2) CSA 的品牌价格优势不明显。由于认证程序复杂和认证费用较高等原因，绿色农产品生产者难以通过官方认证向消费者证明自己的产品是健康安全的(陆继霞，2016)，面对大规模产业化公司生产的放心食品时，CSA 丧失信任优势且不具备品牌和价格优势。

(3) CSA 中信任范围存在局限性。CSA 是在信任基础上创造的农业经济模式，但事实上 CSA 的信任基础并不牢靠，而且信任范围较窄，CSA 的"彼此承诺"背后隐含了更深层次的信任问题。CSA 信任具有面对面交互的经验信任和价值认同的特征信任，但是这两类信任存在辐射范围较窄的问题，消费者亲临 CSA 农场验证其宣传内容的真实性受到路程遥远、时间成本和安全状况等因素阻碍，抑制了消费者的经验信任，使 CSA 的发展规模受到限制(Timothy，1994；Brown and Miller，2008；刘丽伟，2012)。同时，由于信任问题，CSA 会员流失成为当前 CSA 发展要面临的一大难题(陈卫平等，2011)，Brown 和 Miller (2008)发现美国 CSA 会员的年退会率高达30%至50%。

(4) CSA 模式普遍缺少制度信任，主要在农产品认证上面。2009 年，肯塔基大学农学院调查205家美国 CSA 农场，发现虽然有近2/3 的 CSA 农场以有机标准生产绿色农产品，但是它们都没有取得有机农业认证(刘丽伟，2012)。同样，中国 CSA 主体基本也不愿意认证有机食品、绿色食品，主要因素有：有机食品认证的长周期和高费用，且认证标识难以有效地传达信息；国内消费者对认证的信任度不高，消费者普遍不信任市场化的绿色农产品认证(王希姝等，2012；杨波，2012)。

(5) 食品供给周期较短、供给品种及数量有限等发展短板，倒逼 CSA 农场创新经营模式、寻找合作伙伴，但 CSA 农场之间的联合又存在利益分配问题、管理问题、食品安全监督及责任追究问题等矛盾与问题(董欢等，2017)。

1.3.3 分享经济与绿色农产品市场发展相关研究

当前，分享经济逐步转向生产领域(班娟娟，2017)，也必将会在农业领域被实践和发展(黄季焜，2017)。为了提高农业资源转化的价值，在全国农业工作会议上，农业部部长就明确强调鼓励发展共享类农场。从国内外相关文献来看，国内学者刘君(2018)发表在《江淮论坛》上的"分享经济融入都市生态农业发展：实践探索与基本遵循"论文较深入地探讨了分享经济与绿色农业发展的关系。

刘君(2018)认为"都市生态农业 + 分享经济"将成为农村发展新动力。

(1)"都市生态农业 + 分享经济"将解决农业持续发展难题。都市生态农业是一种全新的现代农业绿色发展模式，包含绿色农产品生产、绿色生态体验和生态旅游开发等。农业分享经济目的就是要有效利用农村闲置资源，通过电商平台帮助供需双方高效对接，最终减少浪费。都市生态农业与分享经济都追求绿色持续发展，两者融合必将有力解决乡村振兴的痛点，为农业发展注入新动力。

(2)"都市生态农业 + 分享经济"将解决无人种地的尴尬。分享经济能够通过农业众筹、土地托管和代耕代种等模式解决无人耕种、土地撂荒和低效率小规模耕种难题。分享经济平台具备整合闲置土地的能力，通过规划改造都市生态农业园区，定制生产绿色有机农产品，实现高效供需匹配。

(3)"都市生态农业 + 分享经济"将解决"三农"领域融资难与贵的难题。"三农"领域分享经济企业的美好前景能够吸引资本投资。在分享经济平台中通过众筹众享发生，让有绿色农产品消费需求的市民支付一部分资金，认养绿色有机的果树、蔬菜及畜禽产品等，帮助农业企业或园区实现直接融资。

(4)"都市生态农业 + 分享经济"将解决农产品滞销问题。分享经济通过认养、认购和众筹等模式，有效连接绿色农产品生产者与消费者，根据消费者的绿色有机农产品需求来引导农产品生产，从某种程度上解决农产品滞销问题。同时，还可以通过分享经济平台将绿色有机农产品的生产全过程展现给消费者，让其享受田园乐趣，从而提升消费者的信任度，解决农产品滞销问题。

（5）"都市生态农业 + 分享经济"将提升农业生产质量与效益。融入分享经济的都市生态农业发展更多的是通过跨界加速农业绿色可持续发展，帮助农业闲置资源和生态资源成功变现。依托分享经济的技术优势，对土地资源和农牧业供应链进行整合优化，延长产业链，提升价值链，打造农业品牌，满足绿色农产品市场需求，加速农业提质增效的进程。

刘君（2018）还对"都市生态农业 + 分享经济"的实践探索模式加以了分析。

（1）借势提升带动型模式。此模式为"优势共享平台 + 优秀设计团队 + 美丽乡村建设"，通过分享经济平台汇集农村闲置资源，提高农村生态、社会环境资源的价值变现能力，从而推进乡村振兴战略的实施。典型代表有"小猪短租"打造的崇明岛"新乡村桃花源"，通过再造乡村之美，带动当地旅游经济大发展。

（2）社群支持体验型模式。此模式为"分享农场 + 消费者体验 + 健康农产品配送"，有机结合分享经济与生态农业并发展为分享农场，有效利用了闲置的土地资源，满足消费者的绿色农产品需求和生态农业体验。典型代表为艾米共享农庄、四季分享、小毛驴生态农园及乐农之家等。

（3）众筹平台连接型模式。此模式为"分享经济平台 + 农业企业、生态园区 + 绿色农产品消费者"，首先分享经济平台负责甄选农业企业和生态农业园区，接下来由企业和园区向分享经济平台提供流转土地，然后消费者通过平台认领土地，最后消费者获得绿色农产品和一定比例的收益，取得多方共赢。典型代表为"嗨农宝"，一家拥有合法土地流转资质的农业资源分享平台。

（4）共享服务拓展型模式。此模式为"共享平台 + 农机、农业技术人员及

物流信息 + 农机、农技和物流运输服务"，农业领域的共享服务拓展型模式有农机共享、农技共享和物流共享等。典型代表为谷登电商，它搭建了"农速通" APP[①] 平台，实现了对生鲜农产品货主、个体车主和物流企业的整合，加快了农产品流通速度，形成基于"分享经济"的农业物流发展新模式。

1.3.4 文献综述小结

综上所述，已有研究成果为本专著奠定了良好的研究基础。但还存在以下值得进一步探讨的问题。

（1）信息不对称已被认为是食品安全问题发生的本质原因，然而，问题不可能通过使信息变得对称来解决，因为现实中很难实现信息完全对称；同时，信息不对称也不是造成市场失灵的充分条件，企业在一定条件下可以通过建立信任机制解决因信息不对称导致的市场失灵。现实情况下，即使绿色农产品不存在信息不对称，还是会有众多消费者不信任生产商，继而选择不购买。由此可见，消费者的绿色农产品信任机理是一个非常复杂的行为经济学问题，这是经典博弈理论模型难以解释的。人类理性并不是先验存在的，不可能超越历史文化背景，是从漫长的生物和文化中演进而来，内嵌于语言、习俗、惯例、法律、制度和历史中。传统均衡理论赋予了无所不能的个体拥有理性，并基于个体理性进行选择。纵然在多人的不完全信息博弈中，也可以通过海萨尼程序（Harsanyi procedure）将其转化成不完美的完全信息博弈。经典博弈属于单一心智模型，全部的非合作博弈皆为完全信息博弈，博弈中的主体之间共享一个心智模型，而且模型构造的研究者与博弈主体也同样共享一个心智模型。经典

---

① APP（Application）是指主要指安装在智能手机上的软件，完善原始系统的不足与个性化。是手机完善其功能，为用户提供更丰富的使用体验的主要手段。随着移动智能终端的广泛应用，移动终端正向功能增强化、多模化、定制化及平台开放化的方向发展，而移动终端营销（APP）——作为社交网络服务（Social Networking Serivces，SNS）新的开拓渠道，正逐渐崭露头角。资料来源：百度百科。

博弈可被认为是一人博弈，即无论是局中人还是研究者，都能在事前通过理性算计得到博弈解。通过赋予个体理性，传统均衡理论想证明人类能够控制自己命运，然而，由于未限制理性，实际上它将人视为神。所以，传统均衡理论不是对现实世界中人的描述(黄凯南和程臻宇，2008)。因此，有待突破经典博弈研究绿色农产品市场中生产者与消费者之间的博弈过程。

(2)国内学界在食品安全型信任品信任危机形成机理方面有较深入的研究，但遗憾的是，一方面，事件研究法关注了小事件的宏观效果逻辑，这种宏观视角无法展示博弈论的行为逻辑(向国成和邓明君，2018)；另一方面，基于监管视角的分析框架，强调信任的制度属性及其信念逻辑，忽视了信任本身的非正式制度的性质——就像婴儿一张嘴就必须信任自己的母亲一样，即使没有制度的强制性也如此，而无法将信任品中"信念－行为"的理性本质清晰阐释，其实是研究范式中，出现了一种"信念－行为"分离的模式。因此，有待从更深层的认知层面研究食品安全型信任品信任危机形成机理。

(3)在市场信任机制建立方面，以往研究认为在信息不对称的条件下，可以通过声誉机制等解决因信息不对称引发的市场失灵问题，但其研究对象基本为某类特殊市场，不适用于绿色农产品市场，主要存在以下两方面问题：一，消费者难以识别农产品的食品安全属性，在消费者普遍不信任食品安全市场时，纵使不存在以假乱真，绿色农产品生产者怎样证实自己确实在生产绿色农产品就是个难题，因此，这是一个在全新市场中建立信任的难题；二，信任的建立往往来自重复博弈的均衡，而重复博弈需要有较高集中度的市场才能出现，绿色农产品市场本来就是一个市场集中度很低的市场，单个生产者难以与消费者实现重复博弈。绿色农产品市场信任机制如何才能建立起来？作为具有食品安全型信任品特征的绿色农产品，除了因其生鲜易腐需要解决及时达成交易的难题外，更重要的是还存在真假难辨难题，以及如何保证真生产者实现规模经济的基本产量难题，这不是非合作博弈所能解决的问题。因此，有待从应用联盟博弈探究解决以上难题的模式。

（4）CSA 已成为发展绿色农产品市场的一种重要合作模式，CSA 建立在信任基础之上，然而其本身又陷入信任难题。限制 CSA 发展的主要原因是 CSA 消费者人数上升后，出现了在更大市场中的信息不对称。CSA 发展不可避免受到因农产品生产过程中信息不对称而产生信任问题的影响。如何有效缓解更大市场范围内的信息不对称，成为 CSA 突破信任难题，转向规模发展的关键。因此，有待构建一个能够解决合作过程中信任问题的全新绿色农产品市场发展模式。

（5）已有研究较深入地探讨了分享经济与绿色农业发展的关系，但未从理论层面深入剖析分享经济对绿色农产品市场发展的作用机理，分享经济融入都市生态农业实践相关案例的分析还不够深入。因此，有待进一步研究分享经济提升绿色农产品分工网络生产力的微观机理、绿色农产品电商平台 APP 的市场有效逻辑，以及绿色农产品市场发展的相关案例。

鉴于此，本专著将应用认知博弈、合作博弈和案例分析等方法研究上述问题。

1.4　研究思路与框架

围绕基于分享经济的绿色农产品市场发展这一核心问题，本专著严格按照"文献梳理—理论分析—案例分析—结论与政策建议"的逻辑框架展开研究。

首先，阐明选题的背景与研究的意义，界定绿色农产品概念与特征，梳理绿色农产品市场发展相关文献及研究的理论基础。然后，从理论层面分析分享经济对市场发展的影响机理，剖析绿色农产品分享经济平台 APP 的市场有效性逻辑，分析分享经济平台对绿色农产品市场信任机制及市场合作机制建立的推动作用。接下来，基于分享经济视角剖析中国绿色农产品市场发展的相关个案。最后，在理论分析和个案分析的结论基础上，提出中国应用分享经济发展绿色农产品市场的相关政策建议。本专著具体的研究思路如图1.4所示。

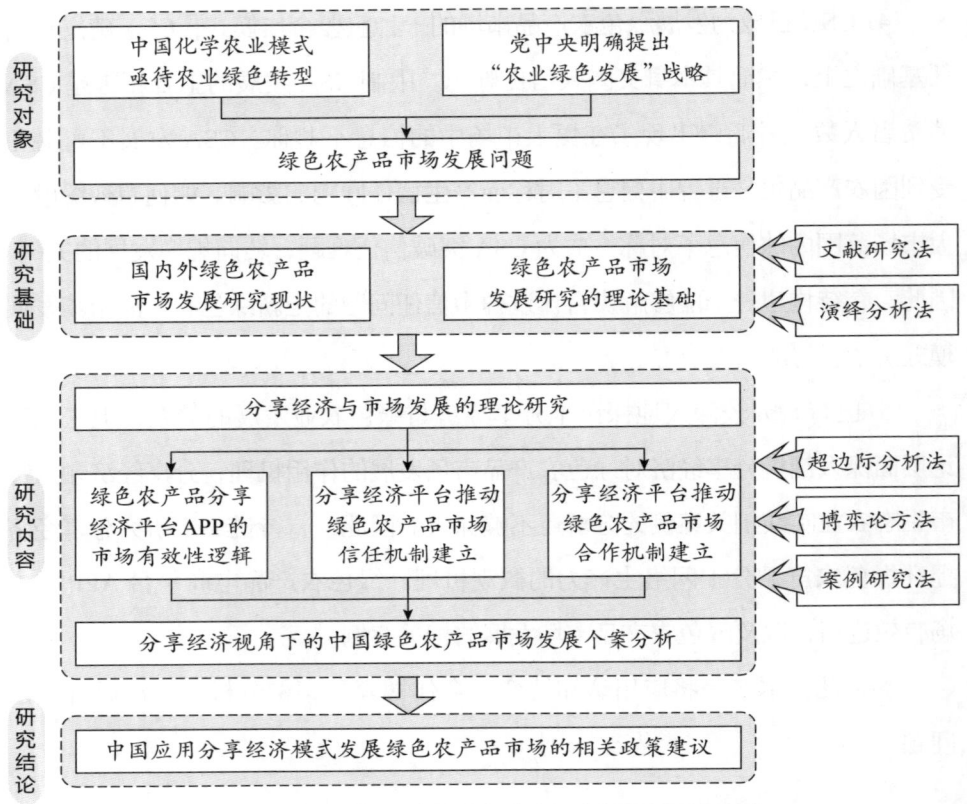

图1.4 基于分享经济的绿色农产品市场发展研究思路

本专著的主要研究内容包括八大部分：

第一章 绪论。阐述了研究的背景和意义、绿色农产品的概念与特征、国内外文献综述、研究思路与框架及研究方法与创新之处。

第二章 绿色农产品市场发展研究的理论基础。研究内容主要梳理了新兴古典分工理论、市场发展理论、信任行为理论、认知博弈理论、合作博弈理论和分享经济理论。

第三章 分享经济与市场发展的理论研究。研究内容有理论框架、分享经济演化的理论模型及一般均衡分析和分享经济的经济发展效应。

第四章 绿色农产品分享经济平台 APP 的市场有效性逻辑。研究内容有 APP 分享经济的产权关系、基本模型、产权动态化与 APP 产权界定均衡、用户资本化与 APP 产权扩张。

第五章 分享经济平台推动绿色农产品市场信任机制建立。研究内容有基于理性计算的信任行为研究的局限性、信任逻辑分析范式转变和分享经济下绿色农产品市场信任逻辑的认知博弈分析。

第六章 分享经济平台推动绿色农产品市场合作机制建立。研究内容有分享经济下多方联盟发展绿色农产品市场的有效性分析、分享经济下相关主体参与绿色农产品市场多方联盟的意愿分析。

第七章 分享经济视角下的中国绿色农产品市场发展个案剖析。研究内容有艾米会定制共享农场服务运营商发展个案分析、恒大兴安绿色粮油品牌发展个案分析和湘潭市俏仙女农牧公司绿色基地发展个案分析。

第八章 研究结论与政策建议。研究内容有研究结论、政策建议。

1.5　研究方法与创新之处

1.5.1　研究方法

(1)文献研究方法与演绎分析方法相结合。应用这些方法对相关文献进行回顾分析，研究经济学视角下的信任逻辑、信任逻辑分析范式转变，从理性计算到认知博弈、认知博弈基本理论、认知协调与共同信念、合作博弈基本理论、分享经济基本理论及分享经济提升绿色农产品分工网络生产力的微观机理和政策建议等。

(2)超边际分析法。超边际分析方法由杨小凯提出，该方法是研究新兴古典经济学的一种分析方法，它复活了亚当·斯密的分工思想。超边际分析方法对每一角点进行边际分析，处理最优决策的角点解必须在角点之间进行总效益费用的分析(甘凤婷，2012)。本专著应用该方法研究分享经济对市场发展的影响机理。

(3)博弈论方法。应用此方法分析分享经济下绿色农产品市场信任逻辑、分析绿色农产品电商平台 APP 的市场有效逻辑、分析分享经济下多方联盟发展绿色农产品市场的有效性及分析分享经济下相关主体参与绿色农产品市场多方联盟的意愿。

(4)案例研究法。应用此方法，基于新闻资料和网站、作者的实地调研，研究艾米会定制共享农场服务运营商发展、恒大兴安绿色粮油品牌发展和湘潭市俏仙女农牧公司绿色基地发展案例。

1.5.2 创新之处

本专著的创新之处体现在以下几点。

(1)运用新兴古典分析框架来揭示分享经济产生与发展的机理及其对经济发展的意义。

新古典经济学中，假设生产者与消费者的身份截然两分，相悖于分享经济中生产者与消费者身份融为一体的趋势；其生产理论基于代表性企业生产函数，而分享经济更要突出基于参与主体相互影响的网络生产力；其均衡理论以边际递减规律为基础，而在分享经济中往往在边际报酬递增阶段就出现了产品迭代；新古典经济学利用内部性与外部性解释市场失灵，而在网络化的分享经济关系中广泛存在免费使用而产权模糊的情况，"外部性失灵"已不能解释新经济的开放、合作和分享。鉴于新古典经济学的以上不足，本专著基于分工网络效应与交易成本的两难冲突，构建新兴古典超边际分析模型，系统揭示分享经济发生及演变的内在机理及其市场发展效应。

(2)立足产权动态均衡与用户资本化揭示 APP 分享经济的开放、合作与分享机制，剖析绿色农产品分享平台 APP 外部性的市场有效逻辑。

本专著从微观决策机制入手，通过将 APP 研发商、平台商和产品供给者三方统合起来，融入消费者对于 APP 的软件下载、信息使用和产品购买服务等三阶段的动态博弈，通过产权动态均衡和用户资本化的分析，揭示 APP 分享经济产权外部性不失灵的内在逻辑。不仅对现实中占主流地位的供给商主导一体化解给出完美的理论解释；同时，通过对用户资本化的定义计算，证明用户资本化的价值法则和门槛法则，并分析现实中终端用户补偿的逻辑。

（3）应用认知博弈、TU 合作博弈和序贯互惠博弈方法分析了分享经济平台对绿色农产品市场信任与合作机制建立的作用。

经济学所计算的信任行为代价或成本并不是信任本身，用理性逻辑去计算理性之外的道德、伦理、情感必然会存在逻辑矛盾，忽视了决策的外生变量和博弈信念的决定性作用，遗漏的理论点正是关于损失收益认知、信念的逻辑。购买就意味着信任，本专著应用认知博弈方法分析生产者与消费者之间对绿色农产品和非绿色农产品生产与购买的博弈，明确通过认知改变提升信任度对绿色农产品市场发展的重要性。平台型网络市场已成为绿色农产品摆脱传统农产品市场"柠檬问题"的重要出路，但本身仍然存在严重的"柠檬问题"，对此，本专著提出"需要绿色农产品供应链上的消费者、中间商和生产者合作，形成另外一个独立的绿色农产品平台型网络市场，才能有效推动绿色农产品市场的形成与发展"，并应用 TU 合作博弈和序贯互惠博弈对其有效性和参与者选择合作的条件加以论证。

第二章 绿色农产品市场发展研究的理论基础

2.1 新兴古典分工理论

杨格不仅认为报酬递增实现的基本过程源于产业的不断分工与专业化，而且还认为"劳动分工的水平取决于市场的规模，而市场的规模又取决于劳动分工的水平，经济发展的可能性存在于上述条件中"。这就是著名的"杨格定理"——"分工取决于分工"，它从动态角度解析了市场规模与劳动分工之间的互动关系——"分工决定分工"，它包括三个方面：一是，劳动分工演进有助于实现报酬递增；二是，市场规模决定着分工水平，分工演进却又决定着市场规模；三是，分工的两侧是需求与供给。但由于杨格没有数学化该思想，以致缺乏理论证明，主流经济学难以认可其分工理论。

新兴古典经济学把主流经济学研究框架中加入专业化分工、制度、组织结构水平和制度变迁等理论，从微观视角去理解交易费用不断降低对专业化、分工深化促进所实现的经济持续增长。杨小凯推导出的新兴古典经济学一般均衡模型就统一了效用函数、生产函数、市场均衡和帕累托最优等理论，框架中包含了专业化分工经济、消费－生产者和交易费用，在该模型中，促进经济发展、市场成熟、分工演进和交易效率提高四大指标和目标呈现出相互影响关系。最终，杨小凯运用超边际分析法解决了"数学表达分工思想"这一经济理论难题，构建了新兴古典分工理论。在他的分工模型中，作为消费－生产者的个人，能够自由选择其生产与消费的商品量，且当他从市场购买某种商品时，该种商品的自给量必为零，这表明某人如果是消费－生产者，则最优决策必定是某个决策变量取零值的角点解(杨小凯，2003)[①]，这不同于马歇尔分析资源配置所采用的基于内点解的"边际理论"。聂辉华(2002)指出，基于专业化经济的劳动分工产生递增报酬，提升生产力水平，增加了制度供给收益，并进一步通过市场降低交易费用，推进市场规模扩张，实现更高水平的劳动分工均衡。此过程中，迂回生产链条被加长了，市场范围也逐渐从区域到全国，乃至到全球。

超边际分析方法内生个人选择专业化水平的决策。因分工专业化导致出现信息不对称，通过在自由市场上进行交易，由价格制度促进有效的信息不对称，以及在信息不对称的条件下协调分工和交换。分析市场和价格制度如何决定全社会分工水平，这样就可用数学工具对分工问题进行精确研究，则古典经济学缺点可以被彻底克服(南晓莉，2006)。最终，杨小凯的研究被诺贝尔奖得主布坎南称为当今最重要的经济学研究，使微观经济学研究由资源配置转移到了经济组织的新方向。

超边际分析可以结合选择一种职业和专业化水平的决策问题、分配有限资源到其选定经济活动中的决策问题这两类决策，其分析有三步：(1)根据定理排除那些不能成为最优的角点解；(2)对剩下的每一个组合(角点解)用"边际分析"方法求解，求出每一个局部最优值；(3)比较各角点解之间的局部最大目标函数值，最大那个为整体最优解，整体最优解就成为一般均衡最优解(称为全部均

---

① 根据杨小凯《新兴古典经济学和超边际分析》中第22页的解释，如果一个决策变量的最优值是找最大或最小值，最优决策之解就被称为角点解，角点解允许最优决策值是零，如果所有决策变量的最优值在其最大和最小值之间，则最优决策就被称为内点解。

衡)(南晓莉，2006)。

2.2　市场发展理论

市场源自社会分工与商品生产，有了社会分工与商品交换，才会有市场。购买者、购买力和购买欲望共同决定了市场的规模和容量。市场的发育与壮大也推动着社会分工和商品经济发展。人们生产什么、生产多少以及什么时间上市、产品销售状况等直接受到市场利用信息反馈的影响。市场为产、供、销各方提供交换场所、交换时间和其他交换条件，以此实现市场中各方各自的经济利益。

传统的自由市场经济理论相信只有基于市场的各类经济活动才是最有效率的。然而，资本主义经济的周期性波动和危机，使人们开始怀疑市场是否能自动调节经济，这就为市场失灵理论的提出及进一步研究提供了初始动力和条件(杨玉泉，2002)。因此，市场经济发展研究必须关注引发市场失灵的几大原因。

(1)对理性人假设的理解。在理论分析中，西方经济学家普遍认为市场经济活动主体是一个理性的人。这个理性的人是完全明智的，既不情绪化也不轻信盲从，善于计算，其行为具有一贯偏好。可是，现实市场活动中，参与者的观念、素质和行为都有显著的差异。纵使理论上存在一个有效市场，但是现实中的人们都不是完美的。理想情况下，唯有存在理性的消费者和一如既往的生产者，人们才能以最低成本获得所需的产品。然而，现实情况与理想差很远，市场效率会因为生产者的盲目生产和消费者的非理想消费而大打折扣。

(2)对一般均衡的理解。市场的均衡和资源配置的最优是建立在一系列理论假设基础之上，可是在实际市场中许多假设并不是都会成立的。当这些假设无法成立，自由、不受限制的市场有效率的结论也将无法成立。这就意味着我们必须承认现实中会存在市场失灵，此时需面对市场的无效率和缺陷。

(3)对充分信息的理解。生产者和消费者都非常熟悉其所在市场的所有信息，熟悉各种商品的属性与价格，他们之间的交易是公正且有效率的，这是完全竞争市场成立的前提条件。然而，信息在实际市场中的流动是不足的，究其原因有：一是，消费者难以判断所购买复杂产品的成本与效用；二是，生产者难以确定市场需求，消费者则难以判断市场"实价"；三是，生产者比消费者更熟悉产品品质；四是，消费者存在低价次品的心理定式，即使真是好产品，也会因低的定价而被消费者判定为次品；五是，个别生产者存在欺骗行为，诱使消费者购买假冒伪劣产品。在信息不对称的市场中，非常容易出现"柠檬市场 [①]"，这是市场发展最大的阻力。

市场体系培育与经济发展之间的关系一直是经济学家关注的问题。亚当·斯密在《国富论》中提出，市场交换和市场扩张可以促进生产资源的重新配置，引起分工和提高生产力，成为经济增长的源泉。自亚当·斯密之后，学者们对这个问题进行了更深入的研究。市场发展是指市场交易量规模扩大、交易种类范围扩大、交易方法由简单到复杂和市场层次结构更加丰富等。只要有商品，就有市场，只要有市场，就有市场发展水平的问题(何秀荣，2008)。市场一体化是市场发展的一个重要特征。许多研究表明，一个统一的商品市场可以为经济增长带来许多好处。例如，市场一体化可以促进专业分工、降低技术交流成本、增加投资机会及增加资本回报等，从而促进资源的最佳配置和经济发展(Unger，1983；颜色和徐萌，2015)。

....

① 柠檬市场也称次品市场，是指信息不对称的市场，即在市场中，产品的卖方对产品的质量拥有比买方更多的信息。在极端情况下，市场会止步萎缩和不存在，这就是信息经济学中的逆向选择。阿克罗夫在其 1970 年发表的《柠檬市场：产品质量的不确定性与市场机制》中举了一个二手车市场的案例。指出在二手车市场，显然卖家比买家拥有更多的信息，两者之间的信息是非对称的。买者肯定不会相信卖者的话，即使卖家说的天花乱坠。买者唯一的办法就是压低价格以避免信息不对称带来的风险损失。买者过低的价格也使得卖者不愿意提供高质量的产品，从而低质品充斥市场，高质品被逐出市场，最后导致二手车市场萎缩（Akerlof，1970）。

2.3 信任行为理论

信任是解释人与人之间关系程度的一个重要变量，自20世纪50年代以来，它引起了许多学科的极大关注，并取得了不少成果。然而，由于研究视角、方法和目的的不同，信任概念的定义、分析逻辑和研究结论因学科而不同。有待从经济学角度理解信任内涵，即从交易角度来分析信任。

2.3.1 不同学科信任概念的差异

对于信任的概念，不同学科有不同的定义（史燕伟等，2015）：经济学认为信任是建立在个人功利理性计算的基础上（Burt and Knez, 1995）；社会学则认为信任是一种重要的社会关系（Mayer et al.,1995）；心理学则认为信任是一种心理或者行为的个人化反应（Robinson, 1996）。整合不同学科的观点，学者们将信任定义为："信任是指在社会不确定情境下，个体甘愿将个人资源交给对方处置并承担相应风险的意愿"（Mayer et al., 1995；Rousseau et al.,1998；Moretto et al., 2013）。

社会学家的信任是人们社会关系的内在属性。Fukuyama（1995）提出，信任由文化决定，主要源于"继承而来的伦理习惯"。社会学的现象分析将信任看成一种人际社会关系的媒介，Putnam 等（1993）最初强调人口密度数量对社会信任的影响。Sugden（2004）认为[①]，永远合作（信任）和永远背叛（失信）都是稳定的均衡，只不过是因文化传统不同而形成的两种不同均衡。

制度主义认为，信任的真正基础是制度。Luhmann（1979）把信任划分为人际信任和制度信任，并认为"信任概念是以总体法律和对他人普遍依赖为基础；同样，由于法律规定了对风险的限制，各种形式的信任才能成为可能"。

....

① Sugden R. 本身是经济学与博弈理论家，但长期从事制度、文化的演化研究，并承接哈耶克的思想传统，其工作内涵更像是经济伦理学的研究，故有文中的引用与说法。

政治学家 Warren（1999）认为只有协商式的民主制度才可以真正促进信任的形成。制度是信任的基础，信任只不过是良好制度安排的产物(胡宝荣，2013)。

心理范式研究强调个体人格在信任中的基本作用。Wrightsman（1991）将信任看成一个人对于他人真诚、善意以及可靠性的独特信念，一个人信任水平实际上暗含了个体人格与人生的信念。心理范式的信任可以说是一种感性的信任。然而，Johnsongeorge 和 Swap（1982）研究发现，在一种陌生、模糊或者非结构性环境下，人们往往不是基于信息、理性去信任，而是基于人格的特质去信任他人的。心理学研究进一步揭示：人们既不想做圣人，也不想成为上当者；只要成功的概率高，人们都会做一个合作者；一旦他人搭便车，谁都想退出合作关系。也就是说，信任心理的关键在于行为者的信念，信任的行为是建立在一系列具有个体属性的委托与受托人之间的认知信念之上的社会体现（Cosmides and Tooby，1992)。信任似乎是自然演化赋予人类的一种本能，非理性逻辑能够理解和构建(哈耶克，1953)。心理学的信任研究很接近哈耶克的思想，将信任归结为人格、心理特质的理论。

其实，不同学科的信任概念，并没有表面上看起来的那种鸿沟。其差异主要源于不同学科从起因、逻辑、功能等不同角度研究信任问题，具体差异则表现在以下几方面。

(1)关于信任的本质，共同含义是一种"对于他人的乐观态度，或者预期"。这种信任态度的前提条件是：面对风险(即他人行为导致的损失)和存在相互依赖关系。即信任不是一种行为或者决策，而是面对风险和依赖关系时，一种可能导致相关结果的心理状态。同时，又具有客观行为的社会性呈现。

(2)关于信任的形态。经济学强调静态均衡的稳定性，比如信任博弈与投资博弈的实验（Berg et al.，1995)，就不是某种连续的概率分布。至于在缺乏重复交往、交易行为、声誉环境和惩罚机制时，信任为什么会存在？组织管理学、社会学和心理学更倾向于动态过程的行为功能分析，更关注信任的起源、维持与解体的逻辑等问题。

（3）信任是相关社会行为的原因、结果，甚或是媒介？经济学逻辑认为，信任是人们面对利益关系的多次博弈，或者陷入囚徒困境，或者相互合作（减少交易成本）的策略选择的自变量，即一种现象原因的逻辑（Axelrod，1984）。同时，社会学家（Ross and Wieland，1996）也发现信任是达成协议、处理危机乃至提高组织效率的关键原因。基于历史分析，管理学家（Zucker，1986；Mishra，1996）认为信任是声誉体系、群体文化和开放程度，乃至第三方干预的结果。社会学家（Robinson and Rousseau，1994）认为：信任应该是人际间社会关系的媒介，这意味着原因、结果的不同差异源于研究者的语境不同（个体、二人、群体、社会网络的，或者企业、企业间的）；不同语境导致了不同研究视角，进而产生了不同的分析逻辑和结论。

2.3.2　交易角度的信任内涵

交易作为（商品）所有权的交换体现了交易所背后的经济实体之间复杂的利益冲突、依赖关系和秩序。面对需求的多样性和资源的匮乏，人们找到了对自由"交易"这个最不坏的制度。然而，交易在缓解人类固有矛盾的同时也存在着新的问题，即交易者的有限理性和机会主义行为所产生的交易不确定性、复杂性和交易风险。面对不确定的未来，现在采取的任何交易行动实际上都是一种冒险。这就是说，如果不能有效地解决和协调交易中的矛盾，就不能实现交易。由于人的有限理性（由于信息不全和人类认知能力有限），由第三方强制执行的行为规则（正式制度），与不完全契约一样，不能涵盖交易活动的所有环节。在交易过程中，大多数交易者实际上并没有完全按照正式制度的规定做出交易决定。仅有正式制度，难以降低交易不确定性和风险，如诺思所说"即使是发达经济中的正式规则，尽管非常重要，也只是行为选择约束的很小部分"（诺思，2008）。因此，可以使交易者对未来有稳定的预期来降低交易中的不确定性和风险，这需要信任来协调和确保交易的持续进行。交易产生的两大必要条件(两者缺一不可)：交易将增加交易双方的收益；当事人能肯定预期交易伙伴的未来行为。如果稳定预期就不会发生交易，没有信任就不会有交易，最终不可能实现经济增长和改进社会福利水平。

从交易角度来看，信任是指交易者在面对交易中不确定的复杂未来时，能使自己适应复杂的社会环境，并从不断增加的交易机会中获益的一种简化策略，即"信任是一个社会复杂性的简化机制"(卢曼，2005)。通过简化机制，人们可以有效地克服因机会主义行为所必然导致的交易不确定性和风险。信任的本质就是交易中任何一方都不会利用另一方易受攻击的弱点去获得利益。顾江洪(2013)指出信任的基本内涵的四个方面：信任总是指向交易中他人的行为；信任的核心要素是信任者对被信任者的积极预期；信任面对交易不确定性的非理性行为；信任存在收益与成本的比较、机会成本、人际信任建立与维护的成本和制度信任成本等。

2.3.3 基于理性计算的信任行为分析

经济学对信任的研究可追溯到亚当·斯密在1759年发表的《道德情操论》，其指出：经济活动是基于社会习惯和道德基础之上，一旦离开这些道德和习惯，人们之间的交易活动就会受到影响，交易的基础就会动摇。[①] 令人遗憾的是，包括斯密在内的古典经济学和后来的新古典经济学在研究经济交换关系时都抛弃了对信任的分析，而将"经济人"的理性行为简单化，从而过滤掉人与人关系的心理、社会、文化有关的因素，使经济学变得抽象和脱离现实。

自20世纪70年代以来，经济学家们越来越深刻认识到信任对经济发展的重要性。[②] 按照阿罗(Arrow，1972)的解释，世界上很多地区经济落后现象

---

① 这里提到的道德基础就是人与人的信任。

② 普特南率先把社会资本引入区域经济差异分析并重点分析了信任在经济增长中的作用。他坚信经济增长需要相互得利的合作，认为一个社会如果是以普遍的信任和互惠为主要特征的，这将有助于提高总体经济收益（Stern，1993）。

可以归咎于缺乏相互信任，因为信任就是经济交换的润滑剂，是隐形的契约。Hirsch（1977）也认为，信任作为经济发展的内生变量，是日常经济活动必需的公共产品，它影响着经济增长的速度和水平，但它也取决于一个国家的文明程度。阿马蒂亚·森也指出，信任是市场成功的一个重要因素，要是没有规范和行为准则，社会就难以顺利运转（Sen，1999）。而信任水平高的城市、区域或者国家，往往表现出更好的民主秩序、更快的经济增长、更清廉的政治生态与更少的社会犯罪（Beugelsdijk，2004；Putnam et al.，1993；Zak and Knack，2010）。信任与经济发展的高度相关性，并不能说明其因果关系。一项涉及范围更广泛的研究（Burkhart and Lewis-Beck，1994；等）表明：信任确实降低交易成本、加快经济增长、促进政治民主，但反向的结论并不成立。马克思（1985）早就提出，经济学更应该关注事物背后的人与人的关系，这才是经济学的实质。由此可见，经济发展并不能提高信任，这就增加了研究市场信任基础的必要性。

信任的基础是什么？ Kramer（2006）指出，信任存在以理性选择计算和以社会抑或关系嵌入选择的两大基础。经济学的信任是一种理性逻辑下，重复博弈积累与制度性行为的结果；在理性逻辑主导下，博弈理论家 Axelrod（1984）认为，信任是个人的一种理性选择。而建立信任的最有效途径是增加博弈链条，将单次博弈转变为重复博弈。美国社会学家 Coleman（1990）不完全同意这种观点，认为信任应包括三个要素：一是可能给自己带来潜在收益；二是可能给自己带来潜在损失；三是成功的机会或对方可信的概率。另外，政治学家Hardin 认为，信任不仅是对他人善意的简单期望，也是"潜在利益"的表达（胡宝荣，2013）。

理想市场经济状态下，信息完全对称，市场交易过程中不会出现信任危机，交易双方不存在欺骗和不诚信。然而，信息完全对称假设只是一个理想假定，真实世界中市场经济的常态却是存在不完全信息、不确定性风险和外部社会复杂性等，对信任对象未来行动的预期将存在风险和不确定。因此，理性选择论者认为：信任的产生，是基于理性计算信任对象的未来行动。

首先，选择是否信任。理性选择论一贯认为，"得失"计算是行动者的标尺。选择信任，意味着有可能获得成功并让交易双方受益；相反，选择不信任，意味着回避风险，但会失去获益机会。将信任等同于"获得"与"失去"的价值总和后，理性选择论者指出，通过权衡得失，"获得"的价值将明显大于"失去"的价值。因而，选择信任是反映人类积极追求理性主义的乐观面向，它有助于降低交易成本(周怡，2013)。

其次，关于信任的可信性计算。Coleman（1990）指出受托人的失信损失将远远小于托信人的误信损失。Coleman（1990）强调，托信人在发出信任行为之前所做的可信性计算十分重要，不仅需要评估信任对象是否值得信任，还需要考察行为发生地的外部背景能否支持信任对象做出被预期的行动。哈丁指出，信任关系存在两大关键要素：一是激励受托人履行被所期待的行为，二是促使托信者去信任他人的知识。激励和知识都被纳入到了理性的计算，关于激励，哈丁确信在某一相关的时间点以某一相关的方式发生的信任行动是基于个体利益的。受托人的激励正是出自交易双方彼此不断强化的互惠的信任关系（Hardin，1993、2004）。哈丁将这种双方利益的嵌套称作"封装利益"，并认为正是这种封装利益抑或潜在利益赋予受托人值得信任的激励，才使得市场中一桩桩交换互动得以有条不紊地持续(周怡，2013)。

第三，关于信任成本的估算。理性选择论认为，在复杂交易与合作过程中，单纯依靠双边利益机制来维持信任的成本很高，有时甚至难以形成信任机制。此时，需要依赖第三方以保持交易双方的信任关系。Williamson（1979）认为，混合型的交易需要进行三方规制，以弥补古典利益契约对此类交易规制的失灵。基于寻求自身利益假设的机会主义看到了行动者会为实现自身利益而不断投入交易的一面，但忽略了他们为追逐私利而充满狡诈、欺骗的复杂面向。

这些构成强迫性控制的需求，使组织管理应运而生。比如，交易双方的契约合同、监管货币的银行、现代市场经济中的行业协会及信用中介组织等就属于管理控制的第三方保障。第三方保障的目标完全指向交易中个体、群体或组织机构的得失利益，而不是其他。

　　显然，理性选择模式以交易双方利益博弈作为信任的基础，交易双方利益的达成容易塑造市场合作且和谐的经济秩序，交易双方利益的未及则可能引起冲突的经济秩序 (周怡，2013)。从而，将信任局限于理性决策的行为层面，而忽视了信任作为意识层面的全面性理解。

2.4　认知博弈理论

　　人们之间的认知过程是一个认知博弈过程。认知博弈的本质是主体之间通过信息交流修正彼此的信念，最大实现公共信念 (董高伟，2012)。信念交互通过认知命题而得以进行，通过认知命题所承载的意义而得以实现。随着当代社会信息化特征的日益增强，社会存在的各个方面可以看作信息命题，透过言语行为的信息特征，认知博弈就能够刻画信息的社会交互模式。

　　言语行为理论强调语言的行为功能，即通过使用语言来影响甚至改变对方的信念、态度、行为等，要求人们在其互动博弈中来理解语言。认知博弈不仅是语言博弈，也是行动博弈。认知博弈一方的信息传递会改变另一方的知识。反之，一个主体对他人知识的认知又会影响其行为。语言或行为的共同本质是它们能够在人们的认知博弈中传递某些信息，也就是说，语言和行为都具有信息交互的功能。传递信息包含两层含义：一方面，言说者或行为者都明白该信息的意思；另一个方面，言说者或行为者试图将这些信息所承载的意思表述给对方。

　　人们的认知博弈目的是传递和获取信息。认知主体向另一方传递信息的目的自然是使另一方相信该信息；认知主体获取信息意味着该认知主体将对信息采取何种认知态度，也就是说，认知主体是相信还是怀疑该信息。毫无疑问的是，一旦一个认知主体获得了某个信息，就会将其归位到信念世界或者怀疑世界，当某个认知主体获得某个信息时，他不会再对这个信息一无所知，只能采取相信或怀疑的态度(潘天群，2007)。

综上所述，认知博弈具有自己的理论模式，将上述主观概率方法进一步推进，它不仅假设每一个参与人是理性的，并且每一个参与人还认为其他参与人也是理性的。也就是说，我们不仅要求 A 要形成一个关于 B 的行为策略(由此选择她的行为策略)的概率分布，与此同时，对于 B 自己赋予正概率值的每一个策略，A 都要形成一个关于自己策略的概率分布，以确保自己的选择在考虑到 B 的行动时仍然是最优的决策。注意，就此而言，我们已经达到了要求：用严谨的数学结构来描述概率分布(A 如何认为 B 将如何选择)以及对于概率分布(A 如何认为 B 认为 A 将如何选择)的概率分布。

这种思路的进一步陈述便是：A 是理性的，并认为 B 是理性的，进而还认为 B 认为她自己是理性的；如此等等。在认知博弈中，对于所有"A 认为 B 认为……是理性的"这种有限长度的无限连接的逻辑条件，在有限情形下，便被称为"理性与理性的共同信念"。到目前为止，所有关注的焦点是试图回答，到底参与人选择的哪些行为策略与这个假设一致，但这个问题比其最初看起来似乎要复杂得多。

一旦信念模型(虽然是限制性信念模型)得以建立，我们便可以直面问题：究竟理性以及理性的共同信念的认知条件，对于一个博弈将如何决策而言意味着什么？我们已经提到其他一些认知条件的重要性，那些条件显得不那么极端，但就像其他许多语言现象的发展规律一样，认知博弈的理论却是从极端情形开始起步的。认知博弈强调：人们选择或由于"共同原因"导致的行为相关性，而存在相关性不为零的概率。即使采取传统博弈中行为决策的独立性方法，但人们的行为选择仍然是彼此关联的。

　　已有观点认为，社会规则可以被视为一个均衡现象。要进行有效博弈，每个博弈者都需要形成一种信念，知晓其他博弈者会对自己的行为选择做何反应，以及做出如此反应的原因(更高的信念)，等等。需要注意的是，这种信念由个体思维持有，属于个体思维。但是，为了维持社会规则，行为人应在多大程度上共享信念？共同信念应该如何界定，如何才能实现共同信念？

　　哈耶克在其开创性的文章"知识在社会中的应用(Hayek，1945)"之后，1954年又出版了一本受关注度不太高(至少经济学家们关注不多)的著作《感觉的秩序》(*The Sensory Order*)(Hayek，1954)。在这本书中，他预测了知识理论和认知神经科学未来可能取得的成果。这本书的基本思想之一便是，心理过程和作为该过程结果的知识的本质在于，通过神经元网络以某种方式对被感知的物理事件进行"分类"。分类思想的形成准确地说是现代知识理论中常识概念的基础(Fagin et al.，1995)。

　　博弈时有三种信念，这三种信念分别和三个由一个给定的参与人来区分的基础实体相关：自然(具有机制行为)、其他参与人(具有理性行为)、他/她自己(同样具有理性行为)。其中，事实信念关注自然过去的状态或者参与人以往的行动。结构信念关注实体的不变特征、自然作用法则以及参与人的选择特征。策略信念关注自然的未来状态以及参与人的预测行动(即猜想)。大多数的不确定性可以通过概率信念结构来表示，例如，其他参与人的特征被归总为一个具有一定概率的"类型"。同时，集论不确定性也可以被考虑进来，例如，当参与人不能区分其他参与人以往的行动时，就可以将这些行动放在一个信息集中。此外，参与人被设定为了解他/她自身过去的行动、特征以及未来的行动。随着时间的展开，参与人将根据一个自然秩序调整各种信念。首先，当出现关于事件的新消息时，事实信念会被清楚地修正；其次，根据事实观察利用溯因推理，结构信念会得到修正。

　　由于参与人参与了策略交互，因此他们都需要拥有关于其他参与人行动信念的信念，以及关于其他参与人特征信念的信念。这种关于参与人的交叉信念的命题在某种程度上是同质分布的。当每个参与人都相信这个命题时就形成了共享信念。在如下情况下可以得到一个 k 阶共享信念，即每个参与人都相信这个命题，相信其他人也相信这个命题，并依此类推到 k 阶。关于命题的交叉信念在无限阶的情况下满足时，参与人就形成了共同信念（common belief）（保罗·布尔吉纳和让·皮埃尔·纳达尔，2014）。

逻辑和认知的基础研究对博弈论的发展有着重要的影响，分析社会习俗、惯例和制度等公共性知识，厘清知识、信念与博弈均衡之间的逻辑关系，有助于明确博弈均衡存在的认知条件和主体认知状态的变化对博弈结果稳定性的影响（任晓明和谷飙，2007）。

2.5　合作博弈理论

合作博弈[①]是参与者能够联合达成一个具有约束力且可强制执行的协议的博弈类型。它强调集体理性，更加关注公正、公平和效率。合作博弈存在两个基本条件：从整个联盟来看，各成员各自经营的收益之和要小于联盟的整体收益；从联盟内部来看，存在帕累托改进的分配规则，各成员都能获取比各自经营收益大的个人收益。透视现实社会经济生活，可转移支付（收益）是合作形成、巩固并发展的一个关键因素，根据某些分配规则，进一步在联盟内部成员之间分配收益和配置资源。如果联盟在内部成员间采取了转移支付和利益调整，其联盟博弈就是可转移效用（Transferable Utility，TU）博弈。因此，合作博弈研究的一个基本前提条件是存在可转移支付函数（何维·莫林，2011）。

合作博弈的核心问题是参与人如何结盟以及如何重新分配结盟的支付。在一些简单的情况下，预先假设效率的概念在理性行为中非常流行是很现实的

---

① 以下内容主要来源：何维·莫林著，童乙伦，梁碧译. 合作的微观经济学：一种博弈论的阐释 [M]. 上海：格致出版社，2011.

观点：如果合作对彼此有利，人们就会合作。一个由所有利益相关者的群体（被称为"大联盟"）形成的协议，有时可能会受到一个较小群体（联盟）所达成的某种（局部）协议的挑战。如果效率前提对于大群体是一个实证意义上可接受的条件，那么对于每一个较小联盟也至少是可以接受的，因为小群体中的交易成本会小些。以此，引出了一个深刻的问题：当每一个或者所有联盟能够同样合作时，哪一种效率的结果才是稳定的？与此对应的概念是核，是一项不会被所有子联盟挑战的协议（何维·莫林，2011）。

2.5.1　特征函数形式的博弈

特征函数形式的博弈模型最早源于 Von Neumann-Morgenstern（1947），是讨论直接协议合作行为的核心工具。一个联盟形成意味着这个联盟的成员签订了共同选择策略的约定。在可能有旁支付时，协议包括对博弈方最终得益如何在联盟成员间重新分配的一个方法（肯·宾默尔，2010）。虽然在现实性上有相当大的损失，但假设效用可转换令事情简单了很多。一个联盟的参与者通过彼此物品的交换而获得的剩余，这对于核的分析至关重要（何维·莫林，2011）。

正式地讲，一个特征函数形式的博弈，是一个数对 (N, v)，这里 N 是参与人的集合，v 是一个与每一个 N 中的联盟 S（包括大联盟 N 本身）对应的特征函数，效用向量 $v(S)$ 的集合与 S 中的成员对应；在可转换效用模型的情形下，$v(S)$ 是实数性质的，代表着效用向量 $(u_i)_{i \in S}$ 的集合，且满足 $\sum_{i \in S} u_i \leqslant v(S)$。这可解释为：各参与人具有拟线性效用，$v(S)$ 表示某种可数量化（比如货币）、与线性效用对应的物品数量，在一般（不可转换效用）的情景下，$v(S)$ 表示 R^S 的任意子集（何维·莫林，2011）。

特征函数形式的博弈概念常被称为合作博弈，它对合作逻辑和理论做出了两个关键贡献。首先，它给出了一种研究核的存在性（和其他性质），即稳定的直接协议集合性质的数学工具；其次，提供了一个推理模式，帮助我们去分析剩余分配或成本分摊的公平问题，这种模式适合所有类型的资源配置问题(何维·莫林，2011)。

2.5.2 合作博弈的核

核：被定义为不被其他任何结果占优的解的集合。

定义2.1 对于一个参与人的有限集合 N，一个合作博弈(或者称具有特征函数形式的博弈)是一个数对 (N, v)，这里的特征函数 v 对应着每一个非空的联盟 S，$S \subseteq N$ 是 R^S 的一个全包子集合。一个可转换效用(Transferable Utility, TU)的合作博弈(简记为一个 TU 合作博弈)是一个数对 (N, v)，这里，$v(S)$ 对于所有非空子集 S 都是一个实数。

从实证角度看合作博弈，$v(S)$ 代表着联盟 S 的独立承担效用的集合，即一个效用向量的集合，而使得 S 在其成员联合资源范围内能够实现。类似地，在可转换效用的情形下，$v(S)$ 表示通过优化其资源，而确保联盟 S 可以实现的联合剩余(或者称联合效用)；此时，合作博弈具有以下的性质(何维·莫林，2011)。

定义2.2 可转换效用的合作博弈 (N, v) 是超可加的，是指：

对于所有

$$S, T \subseteq N : S \bigcap T = \varPhi \Rightarrow v(S) + v(T) \leqslant v(S \bigcap T)$$

对于所有

$$S, T \subseteq N : \left\{ S \bigcap T = \varPhi : u_S \in v(S), u_T \in v(T) \right\} \Rightarrow \left\{ (u_S, u_T) \in v(S \bigcap T) \right\} \quad (2\text{-}1)$$

交换和生产经济过程形成超可加的博弈，条件是如果 S (以及相关的 T)内一个特定的交易形成了一个特定向量 u_S (相关的 u_T)，那么，联盟 $S \bigcap T$ 可以通过分别实施这两个交易而获得 (u_S, u_T)。在生产经济中，每一个联盟都具有技术的自由可获得性，并在边际成本递减，而非边际成本递增的情形下，形成一个超可加性的博弈。

在一个超可加性的博弈中，大联盟 N 的合作机会要超过(至少不会小于)

N 中任何一个部分子集的交易机会。此外，所有效率(帕累托最优)的效用向量都可以通过大联盟 N 来获得。下面的定义描述了对应着直接协议的稳定的效用组 $v(N)$（何维·莫林，2011）。

定义2.3　给定一个合作博弈(N, v)，一个效用向量 $u = (u_i)_{i \in N}$ 在核之中，是指：

$$u \in v(N) \text{ 以及对于所有的 } S \subseteq N, \{u_S^1 \in v(S), u_S \leqslant u_S^1, \forall i \in S\} \Rightarrow \{u_i = u_i^1, \forall i \in S\}$$

对于一个可转换效用的合作博弈，剩余向量 $(\pi_i)_{i \in N}$ 的核的稳定性质将采取以下两种等价形式之一。

对于所有的 $S \underset{\neq}{\subseteq} N$，且 $\sum_{i \in N} \pi_i = v(N) : v(S) \leqslant \sum_{i \in S} \pi_i$。 (2-2)

对于所有的 $S \underset{\neq}{\subseteq} N$，且 $\sum_{i \in N} \pi_i = v(N) : \sum_{i \in S} \pi_i \leqslant v(N) - v(N \backslash S)$。 (2-3)

显然，如果一个合作博弈具有一个非空的核，它一定满足超可加性质的一个结果，即：

对于 N 的所有分割 $S_1, S_2, ..., S_K : \sum_{k=1}^{K} v(S_k) \leqslant v(N)$。 (2-4)

在某些情形下，我们可以很容易地将 $v(S)$ 联想成必须在参与者之间分配的某种损失，而最熟悉的例子则是成本分摊的情形。总损失 $v(S)$ 的个体份额，是每一个个体力图最小化的一种负效用，而相关的稳定性概念就是核。可转换效用博弈(N, v)的核是效用向量 $(u_i)_{i \in N}$ 的集合，且使得：

对于所有 $S \subset N$，且 $\sum_{i \in N} \pi_i = v(N) : \sum_{i \in S} \pi_i \leqslant v(S)$。

从实证意义的解释上来说，只要通过行驶自己的权利，$v(S)$ 对于联盟 S 就是可行的。在此情形下，博弈(N, v)将是超可加的，并且其核则描述了一个稳定的直接协议。在规范意义解释中，数 $v(S)$ 代表着一种剩余的参考水平，使得它对于联盟 S 来说并非是真正可行的，而只是有价值于规范性讨论而已。在某些有趣的情形下，$v(S)$ 的水平被用来作为关于联盟联合效用的上确界，而相关的概念也是核，在边际成本递增情形下，合作生产博弈和生产函数具有递减的边际产出时的产出分享博弈(何维·莫林,2011)。

2.5.3　合作博弈的 Shapley 值

沙普利(Shapley)值是所有 TU 合作博弈的一个规范性解,给定一个任意博弈(N, v),Shapley 值提出了关于剩余 $v(N)$ 的一个分配 $(\pi_1, \cdots, \pi_n)$。由于有如此多关于公平配置的问题,都可以被归纳为这样的一个合作博弈,该公式则具有更大范围的应用。

涉及核和 Shapley 值的一个共同特征是虚拟公理,在博弈中,我们称参与人是一个虚拟人,是指将加到任何联盟而导致的剩余增加值为零:

对于所有 $S : v(S \cup i) = v(S)$。

任何核配置给予一个虚拟参与人的剩余份额为零(从不等式 $v(i) \leqslant x_i \leqslant v(N) - v(N \setminus i)$ 可以看出),这就是虚拟公理,一个虚拟参与人的收益应该为零。

然后我们来寻找满足虚拟公理的解,并通过对数 $v(S)(S \subseteq N)$ 添加公式的方法,计算参与人 i 的份额 π_i。考虑参与人的一个固定顺序 σ,边际贡献向量 π^σ 就是这样的一个解。的确,份额 π_i^σ 对于独立于 v 的联盟 S 就具有 $\pi_i^\sigma = v(S \cup i) - v(S)$ 的形式;显然,任何边际贡献向量(具有固定的独立于 v 的系数)的凸组合也是这样的一个解(虚拟公理和可加性质均被凸组合给予保留)。这也显示出满足虚拟公理和可加性质的唯一解,只能是边际贡献向量的凸组合;在所有这些解中,最有趣的便是对每一个顺序 σ 给予相等重量 $1/n!$ 的凸组合,因为这个解给出了一种平等对待平等概念的计算(何维·莫林,2011)。

定义2.4　给定一个合作博弈(N, v),Shapley 值是边际贡献向量的算术平均值:

$$\pi_i = \frac{1}{n} \sum_\sigma \pi_i^\sigma = \sum_{S=0}^{n-1} \frac{s!(n-s-1)!}{n!} \cdot \sum_{\Im_i(s)} \{(S \cup i) - v(s)\}$$

这里 $\Im_i(s) = \{S : (i \notin S) \wedge (|S| = s)\}$。

Shapley 值是满足下述三个公理的唯一解。

(1)虚拟性：如果 i 是一个虚拟参与人，则 $\pi_i = 0$ ；

(2)可加性：对于所有的 v_1, v_2 有 $\pi(v_1+v_2) = \pi(v_1)+\pi(v_2)$ ；

(3)平等性：对于所有的博弈（N, v）及两个参与人 i 和 j 有

$\left\{ v(S \cup i) = v(S \cup i) : \forall S \subseteq N/\{ij\} \right\} \Rightarrow \left\{ \pi_i(v) = \pi_j(v) \right\}$（何维·莫林，2011）。

2.6 DK 序贯互惠博弈模型

互惠心理是一种人类普遍存在的心理动机，大量实验博弈结果表明，参与者具有非自利性效用函数，比如互惠动机等(刘德海等，2015)。Rabin(1992)早期研究合作方博弈问题时，参与者的物质支付和互惠心理支付就同时被考虑了。在 Rabin（1992）的基础上，Dufwenberg 和 Kirchsteiger（2004）提出了考虑友善度的高阶信念的序贯互惠博弈模型(简称"DK 序贯互惠模型")。Dufwenberg 首先提出序贯互惠均衡（sequential reciprocity equilibrium，SRE）概念，并指出 SRE 存在于每个具有互惠激励因素的博弈中。DK 互惠效用函数有以下 5 个部分(师伟，2012；许民利和郭沙沙，2013)。

2.6.1 公平支付

$$\pi_j^{e_i}\left(\left(b_{ij} \right)_{j \neq i} \right) = \left\{ \max\left[\pi_j\left(a_i(t), \left(b_{ij}(t) \right)_{j \neq i} \right) \mid a_i \in A_i \right] + \min\left[\pi_j\left(a_i(t), \left(b_{ij}(t) \right)_{j \neq i} \right) \mid a_i \in E_i \right] \right\} \Big/ 2 \tag{2-5}$$

式中，$\pi_j^{e_i}((b_{ij})_{j \neq \mathrm{II}}$ 是参与者 j 关于参与者 i 的公平支付，在已定的参与者 i 策略 b_{ij} 条件下，参与者 i 的所有策略 a_i 给参与者 j 带来的平均收益，是最小收益和最大收益的平均值；E_i 为 i 的可选策略集。

$$E_i = \left\{ a_i \in A_i \middle| \text{不存在} a' \in A_i, \text{s.t. 对所有的} t \in R, (a_i)_{j \neq i} \in \prod A_j, \text{ s} \in \mathrm{N} \text{满足} \right.$$

$$\left. \pi_k\left[a'(t), \left(a_j(t) \right)_{j \neq i} \right] \geq \pi_k\left[a_i(t), \left(a_j(t) \right)_{j \neq i} \right], \text{对有些} \left(t, (a_j)_{j \neq i}, s \right) \text{严格} \right.$$

不等式成立 $\Big\}$

i、j、$s \in \mathbf{N}$ 代表各参与者，其集合为 $\mathbf{N} = \{1, 2, \cdots, n\}$，参与者的历史博弈节点为 R，某时间节点为 t，参与者的策略集为 A_i，参与者 i 和 j 的单个策略用 a_i、a_j 表示，$b_{ij} \in B_{ij}$，$B_{ij} = A_i$ 是 i 对 j 采纳策略的一阶信念，$c_{ijs} \in C_{ijs}$，$C_{ijs} = B_{js} = A_s$ 是 i 对 j 对 s 信念的信念(也就是二阶信念)，i 在节点 t 采取的策略为 $a_i(t)$。

2.6.2　友善函数

用 K_{ij} 表示参与者 i 对参与者 j 的友善函数，函数形式为：

$$k_{ij}\left[a_i(t),\left(b_{ij}(t)\right)_{j\neq i}\right] = \pi_j\left[a_j(t),\left(b_{ij}(t)\right)_{j\neq i}\right] - \pi_j^{e_i}\left(b_{ij}(t)_{j\neq i}\right) \tag{2-6}$$

上式中，参与者 i 对 j 的友善函数是一个差值，$\pi_j(\cdot)$ 表示参与者 i 给予 j 的期望物质支付；$\pi_j^{e_i}(\cdot)$ 为参与者 j 关于参与者 i 的公平支付。

2.6.3　善意感知函数

善意感知函数指的是参与者 i 所能感知到的参与者 j 的善意，函数形式为：

$$\lambda_{iji}\left\{b_{ij}(t),\left[c_{iji}(t)\right]_{i\neq j}\right\} = \pi_i\left\{b_{ij}(t),\left[c_{iji}(t)\right]_{i\neq j}\right\} - \pi_j^{e_i}\left\{\left[c_{iji}(t)\right]_{i\neq j}\right\} \tag{2-7}$$

跟友善函数一样，善意感知函数也是一个差值，$\pi_i(\cdot)$ 代表参与者 i 觉得他所获得的期望物质支付；$\pi_j^{e_i}(\cdot)$ 代表参与者 j 关于参与者 i 的公平支付。

2.6.4　效用函数

$$U_i\left\{a_i(t),\left[b_{ij}(t),\left(c_{iji}(t)\right)\right]\right\}_{j\neq i} = \pi_i\left[a_i(t),\left(b_{ij}(t)\right)_{j\neq i}\right] +$$

$$\sum_{j\neq i}\left\{Y_{ij} \cdot k_{ij}\left[a_i(t),\left(b_{ij}(t)\right)_{j\neq i}\right] \cdot \lambda_{iji}\left[b_{ij}(t),\left(c_{iji}(t)\right)_{j\neq i}\right]\right\}$$

$$\tag{2-8}$$

上式中，Y_{ij} 表示互惠敏感系数，且 $Y_{ij} \geqslant 0$。$\pi_i(\cdot)$ 表示参与者 i 的期望物质支付；$\sum_{j\neq i}\left(Y_{ij} \cdot k_{ij}(\cdot) \cdot k_{iji}(\cdot)\right)$ 为参与者 i 的期望心理支付，具体包括参与者 i 对 j 善意的敏感度 Y_{ij}、i 对 j 的友善函数 $k_{ij}(\cdot)$、i 所感知来自 j 的善意 $\lambda_{iji}(\cdot)$。

2.6.5　序贯互惠均衡

当各位参与者 $i \in N$，以及各决策点 $t \in R$ 使以下成立时：

(1) $a^*(t) \arg\max U_i \left\{ a_i, \left[b_{ij}(t), \left(c_{iji}(t) \right) \right]_{j \neq i} \right\}$；

(2) $b_{ij} = a_j^*(j \neq i)$；

(3) $c_{iji} = a_i^*(j \neq i)$。

则认为策略组合 $a^* = (a_i^*)_{i \in N}$ 是一个连续互惠均衡。

2.7　分享经济理论

2.7.1　分享经济概念与内涵

相比古老的人类分享行为，分享经济作为一种新兴商业现象，是在全球互联网发展到一定阶段才出现的（Botsman and Rogers，2010；Belk，2014）。当前，理论界主要关注分享经济的商业模式及影响、分享经济的基本性质与可持续发展理论（Cheng Mingming，2016）。其中，尤以企业界的功能性研究为盛，腾讯研究院的马化腾等（2016）就给出分享经济定义：指公众（包括个人、企业、政府）将闲置资源通过共享平台与他人分享，进而获得收入的经济现象。① 这一定义涉及参与主体、闲置资源、网络分享平台和交易收益等要素。Botsman（2013）将分享经济定义为"为了货币或非货币形式的收益，分享空间、技能及物品等闲置资源的经济模式"。Belk（2014）区分了分享和分享经济，指出与分享相比，分享经济是追求回报的。何超等（2018）将分享经济定义为"人们为了金钱或其他收益协作进行的资源获取和分配"。本专著所指的分享经济更倾向以下定义，考虑分工问题，分享经济是互联网时代参与主体利用网络分

---

① 马丁·L. 威茨曼 1984 年提出了分享经济概念，主要针对生产成果的分配，主张用分享制代替工资制。现在分享经济的外延涵盖生产、交换、分配与消费的全过程（Weitzman，1984）。

享平台，超越时空、所有权、隶属关系等限制，以利于变换所有者与使用者、生产者与消费者身份，扩展分工与合作秩序及方式，进而使资源得到更加准确匹配和有效利用以提升分工网络生产力的经济模式（向国成等，2017）。

2.7.2 人们参与分享经济的动机和影响因素

经济收益是人们参与分享经济的主要动机（Lawson et al.，2016），通过分享闲置资源获得额外收入，或以更低的成本来满足其自身的消费需求（Fremstad，2016；Gansky，2012；Schor and Fitzmaurice，2015；Tussyadiah，2016），相关研究表明，消费者满意度与分享经济的成本节约度有着显著正向相关关系（Möhlmann，2015）。通过信息技术应用，分享经济企业比传统企业更能激发闲置资源的作用，更能满足当前消费者的多元化需求和个性化需求，创新收益模式（Kathan et al.，2016；郑志来，2016；王家宝等，2017）。另外，人们参与分享经济还有可能是源于内心的环境保护需求（Botsman and Rogers，2010；Schor and Fitzmaurice，2015），众多消费者认为分享经济是有利于可持续发展的消费行为（Philip et al.，2015；Bucher et al.，2016）。

影响人们参与分享经济的因素主要有信任度、熟悉度和风险因素感知度。(1)信任度方面。分享经济通常在陌生人之间产生，Botsman和Rogers（2010）、Barnes和Mattsson（2016）都指出信任是决定人们参与分享经济的关键因素，正向影响人们再次选择分享经济Möhlmann（2015），并直接影响价值创造（江积海和李琴，2016）。(2)熟悉度方面。熟悉新事物都存在学习成本，因此，熟悉新事物的学习成本的高低将严重影响人们是否尝试参与分享经济（Lamberton and Rose，2012）；因先前知识能减小不确定性，所以当消费者越熟悉分享经济时，其将越有可能参与分享经济（Schor and Fitzmaurice，2015）；熟悉度对C2C分享经济类型中的人们参与分享经济存在显著影响，而对B2C分享经济类型中的人们却不存在这种显著影响（Möhlmann，2015）。(3)风险因素感知度方面。当人们感知产品存在短缺风险，其显著影响人们参与分享经济（Lamberton and Rose，2012；Philip et al.，2015）；阻碍人们参与分享经济的一个重要原因是人们需要与其他人协调分享经济产品的使用时间（Edbring et al.，2016）；安全是人们选择参与分享经济的另一个关键决策因素（Richard and Cleveland，2016）；当消费者担忧其所购买的产品跟预期有很大不同时，那么消费者会更愿意在分享经济平台中租赁这些产品（Schaefers et al.，2016）。分享经济产品的使用也需要与他人的使用时间相协调，这也是人们参与分享经济的障碍。

2.8　本章小结

本章主要梳理了支持基于分享经济的绿色农产品市场发展研究的主要理论基础，主要包括新兴古典分工理论、市场发展理论、信任行为理论、认知博弈理论、合作博弈理论、DK 序贯互惠博弈模型和分享经济理论，为后续理论研究提供参考。

第三章 分享经济与市场发展的理论研究

在人类学、自然科学、社会学、管理学等领域，学者们较早就开展了对分享经济的研究（Constantinides et al.，2008；Stokes et al.，2014），经济学对其研究主要有四个方面的视角。

（1）基于信息对称性视角，研究分享经济利用网络分享平台，实现供需直接对接，节省信息收集时间，减少信息不对称，起到对资源配置的改进作用。Rogers（2015）以优步为研究案例，指出分享平台极大地降低了搜寻成本，缩减了租车服务的不可预期性，有效地提高了需求，并提供了一个供需直接对接的有效市场。而 Dervojeda 和 Verzijl（2013）等指出分享经济的价值在于能够降低买卖双方的交易成本，使得拥有某项产品（或服务）的生产者与需要此项物品的消费者在特定的时空条件下以可接受的交易成本实现合理匹配。

（2）基于成本效益视角，研究分享经济利用网络分享平台，扩展市场范围，达成规模效应，进而促进消费者降低经济成本。Bardhi 和 Eckhardt（2012）认为消费者选择共享平台的主要原因是经济因素考量，即省钱与高质量服务，而不是出于环保意识和政治影响；而 Benkler（2004）则将闲置资源在二手市场与共享网络平台上的交易进行对比，发现共享平台的二手物品的价格更低，而交易达成效率更高；万兴和杨晶（2017）则以 O2O 平台的 1918 家影院为研究样本，实证分析了互联网平台的选择与企业绩效的关系，研究发现，第三方平台多数能显著提高企业绩效，并且纵向一体化会负向调节它们两者之间的关系。

（3）基于产权视角，研究所有权与使用权分离，对闲置资源再配置的帕累托改进。Lovelock 和 Gummesson（2004）指出分享经济下交换行为的发生以人与人之间的关系网络为基础，无需发生所有权的转移。Belk（2014）认为我们已进入"后所有权时代"，即所有权或使用权可以瞬时转换的时代。蔡宁等（2017）以滴滴出行为例，研究产权边界模糊地带的企业创新创业行为是如何突破已有制度约束并获得发展的。

（4）基于知识经济视角，提供分析框架，研究分享经济的本质。Allen 和 Berg(2014)认为分享经济的核心是科斯的"交易成本"理论与哈耶克的"知识协调"理论。谢志刚（2015）基于知识经济与自发秩序理论，拓展企业认知聚焦组织模型，试图提供研究分享经济的分析框架，并指出分享经济的关键特征并不在于"共享"，而是包含显性知识和隐性知识的社会知识结构动态优化。

根据已有研究和对各种分享经济形式的观察，与传统的经济模式比较，分享经济具有三个显著特征。

（1）利用网络分享平台，极大地突破和超越时空、所有权、隶属关系等限制，从而使供需信息更加直接与充分，供需匹配更加灵活与准确，从而产生协同消费、协同经济、点对点经济、零工经济、使用权经济及共享对等生产等经济现象。

（2）产品或服务的生产者与消费者身份不再像过去那样截然分开，而是相互变换，融为一体。例如，过去我只是汽车或房屋的消费者，而现在除了单纯的消费也可以向市场提供汽车或房屋出租服务，变成了产品与服务的提供者与生产者，消费者变成了消费商。

（3）人类社会的分工与合作秩序及方式得到极大扩展，分工网络生产力得到极大提升。所以，本专著认为，分享经济是互联网时代参与主体利用网络分享平台，超越时空、所有权、隶属关系等限制，以利于变换所有者与使用者、生产者与消费者身份，扩展分工与合作秩序及方式，进而使资源尤其是闲置资源得到更加准确匹配和有效利用，以提升网络生产力的经济模式与形态。

对于这样一种新的经济模式与形态，经济学的研究还是零碎的，尤其是新古典经济学的分析范式显得捉襟见肘。在新古典经济学中：

(1)假设生产者与消费者的身份截然两分，生产者不消费，消费者不生产，这与分享经济中生产者与消费者身份融为一体的趋势相悖；

(2)其生产理论基于代表性企业生产函数，即代表性企业生产力，而分享经济不仅仅涉及每个企业生产力，更要突出基于参与主体相互影响的网络生产力；

(3)其均衡理论以边际递减规律为基础，如企业生产处于边际报酬递减阶段(但不小于0)，而在分享经济中，知识产品(如软件)迭代速度快，往往在边际报酬递增阶段就出现了产品迭代；

(4)内部性与外部性是新古典经济学解释市场失灵的重要原因之一，因而产权明晰是重要的，但在网络化的分享经济关系中，内部性与外部性之间的关系被部分颠覆，广泛存在免费使用而产权模糊的情况，"外部性失灵"已不能解释新经济的开放、合作和分享。

本章正是鉴于新古典分析范式的不足，运用新兴古典分析框架来揭示分享经济产生与发展的机理及其对经济发展的意义。纵观已有研究，至今还没有揭示分享经济演化的正式数理模型，本章将弥补这一方面的不足，创新了研究分享经济的理论框架，对于分析新经济模式变迁具有现实指导意义。本章余下内容的安排是：第一部分是理论框架的比较分析；第二部分是分享经济演化的理论模型与一般均衡分析；第三部分是分享经济的经济发展效应；最后是结论。①

....

① 本章后面内容主要来源作者发表的相关论文（向国成等，2017a），以及作者完成的工作论文"The evolutionary mechanism and economic effects of a sharing economy: An Infra-marginal analysis（Xiang et al.，2018）"。

3.1 理论框架：新兴古典与新古典比较

新兴古典框架是指杨小凯(1998，2003)等人创立的新兴古典经济学体系。这是一个以分工为核心范畴，以分工演化为主线，以报酬递增、网络生产力和超边际分析为主要特征，在一般均衡框架下，在专业化经济与交易费用等一系列两难冲突折中形成的经济学理论体系(Borland and Yang，1992；Yang and Shi，1992；Yang and Ng，1993；向国成，2007、2017)。这一体系框架与新古典经济学有重大区别，非常适合分析分享经济。

3.1.1 消费者与生产者身份

新兴古典框架中没有纯消费者与生产者事前的绝对分离，假设每个人事先既是生产者又是消费者，与分享经济中消费者与生产者身份融合的情形吻合。而新古典经济学以生产者与消费者的身份绝对分离为基础(杨小凯，2003)。

图3.1是在新古典经济学教科书中经常看到的流量循环图，要素所有者(亦即消费者)提供生产要素给产品生产者(亦即企业)，生产者把产品生产出来后又卖给要素所有者。生产者不消费，消费者不生产，价值创造只在图3.1左边的生产方进行。

图3.2给出了分享经济的流量循环图，与新古典流量图比较，相似的是图3.2的左右边方框分别代表要素所有者与产品生产者，要素所有者通过分享平台把生产要素提供给产品生产者，生产者通过分享平台把生产出来的产品卖给要素所有者。区别的是：

(1)过去的要素所有者即消费者不提供产品与服务，而分享经济中，通过分享平台，消费者之间可以相互提供产品与服务，充当生产者角色；

(2)过去的产品生产者不提供生产要素，而分享经济中，通过分享平台，生产者之间可以相互提供生产要素(如过剩设备及生产能力)，充当要素所有者角色；

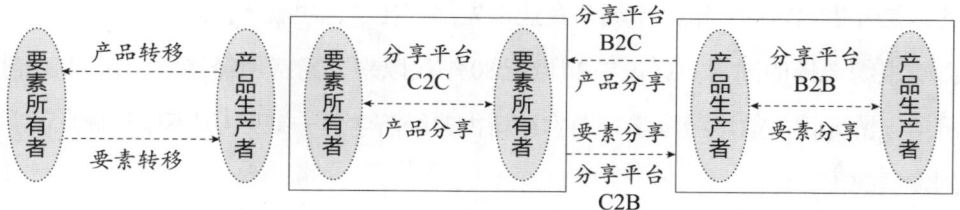

图3.1 新古典流量图   图3.2 分享经济的流量循环图

(3)过去价值创造只在生产方进行,而分享经济中,也可以在消费方进行。

所以,分享经济中消费者与生产者身份的融合对新古典经济理论"消费者与生产者绝对分离"假设提出了挑战。而新兴古典经济学的假设之一就是每个人事先既是生产者又是消费者,这正切合了分享经济中消费者与生产者身份融合的实际情况。正是这种身份的变换与融合,蕴藏了经济发展的重要意义。例如,从一个时期看,一个人买了房屋,这个房屋实现了一次价值,然后,在该时期内房屋所有者把多余的一间房子用于出租,又创造了一次价值。在出租房子这个时点上,房屋所有者既是消费者,又充当了房屋生产者或提供者的角色。把所有这些时点相加(积分)就可以得到一个时期的财富总量。正是这种消费者与生产者身份的转换与融合,使得总价值等于房屋买卖价值加上房间出租价值,使财富总量增加。

3.1.2 交易成本与社会经济组织演化

在新兴古典框架中,交易成本是影响社会分工与合作秩序及方式的重要因素,即对经济组织均衡的演进具有重要意义,而在新古典经济学中则可能没有这种含义(杨小凯,2003)。交易成本则恰恰是揭示分享经济发展机理的重要基础。

正是由于新古典经济学假设生产者(企业)与消费者绝对分离,消费者就不能选择他们的自给自足水平,消费者与生产者之间就必须交换,否则,消费者就不能生存,生产者就不能生产。所以,市场与企业等组织是事先假定存在的，是外生给定的。既然市场与企业事先都存在了，也就不需要交易成本这一影响组织选择的因素。这正是20世纪80年代以来交易费用经济学、新制度经济学、博弈论与信息经济学等为弥补新古典经济学这一缺陷（但不限于此）而得到发展的重要原因。

新兴古典经济学吸收了这方面的理论成果。以分工演化为主线的新兴古典经济学之所以能够把交易成本纳入分析框架，是因为它假设每个人既是生产者又是消费者，是可以自给自足的，分工不是外生给定的，而需要内生出来。自给自足的好处是没有交易进而没有交易成本，但坏处是每种产品的劳动生产率都会很低；分工的好处是利用专业化提高劳动生产率，坏处是因交易而产生交易成本。这种两难冲突的折中决定了要不要分工以及分工水平的高低。一旦有了分工就产生组织问题，引起社会经济组织演化，可以是市场形式，也可以是科层组织形式，或者其他形式（如战略联盟），于是包括市场、企业在内的各种组织形式就产生了。

向国成和韩绍凤（2007）把交易风险从交易成本这一范畴中独立出来，对杨小凯和黄有光（Yang and Ng，1995）的间接定价理论模型进行扩展，把基本的经济组织形式扩展为自给自足、无合同市场组织、有合同市场组织、中间产品生产者享有剩余权利的企业组织和最终产品生产者享有剩余权利的企业组织五种结构，揭示了：当交易效率足够低和（或）交易风险足够高时，经济组织将采取自给自足形式；当交易效率足够高和（或）交易风险足够低时，经济组织将采取分工形式（向国成，2007）。在分工的实现形式中，当只有最终产品，或者出现了中间产品与最终产品的分工，但是中间产品交易效率高于劳动交易效率时，经济组织将采取无合同或有合同的市场形式，否则，经济组织将采取中间产品生产者享有剩余权利或最终产品生产者享有剩余权利的企业形式。分享经济的组织形式并没有脱离这五种基本形式，如果更复杂一些，那也只是基本形式的"杂交"。从自给自足到分工的演化，交易成本（或者说交易效率）是重要的决定因素，对社会分工与合作秩序及方式的选择与演进具有重要意义。

根据"市场范围决定分工水平"的斯密定理，分享经济作为扩展分工与合作秩序的模式与形态，之所以在互联网时代能够得到极大发展，是因为借助于互联网等信息技术，一方面扩展市场网络与范围，把零星的小市场整合成大市场，把地方性市场变成全国性乃至全球性市场，既发挥专业化的规模效应产生了优步和滴滴等企业，还挖掘多样化经济效应，使过去因市场狭小而不赚钱的产品与服务变得有利可图(如私家菜定制)，产品与服务多样化产生"长尾效应"；[①] 另一方面使供需信息变得更加直接与充分，极大地降低了单位产品交易的信息收集成本，再加上物流运输的快速发展，提高了交易效率，从而极大地扩展了社会分工的广度与深度。

至于分享经济中出现了所有权与使用权的分离，Botsman 和 Rogers（2010）并把分享经济视为"我的可以是你的，你的可以是我的"的全新经济模式。本专著认为，这并不是新鲜事物，中国的改革就是从"两权"分离的家庭联产承包责任制开始的。真正值得我们思考的是一些网络平台和资源为什么免费接入和使用，以至于人们认为这在一定程度上颠覆了传统的外部性市场失灵理论。从表象来看，这是为了扩展市场网络，获得更多"流量"，但从实质来看，根据新兴古典产权理论，这是由交易不确定性导致的产权模糊。

以 APP 为例，APP 本身作为一种工具被人们使用是应该收费的，但在现实中，免费或部分免费接入和使用 APP 是广泛存在的，产权不明晰，这就出现了所谓的外部性问题。人们使用 APP 并不是要得到它本身，首先是通过它

---

① 克里斯·安德森（2012）指出："这些利基产品是地图上找不到的伟大宝藏，蕴藏着许许多多过去被认为没有经济效益而未能登上台面的产品。但许多产品一直就在这里，只是不易被人看到或者难以被发现"（p26）。在分享经济中，更多小众但富有特色的利基产品与服务不断被挖掘出来，使越来越多的人获得多样化消费的满足。因产品多样化而产生的经济效益，就是长尾效应。

获得需要的信息，这也是应该收费的。但是使用者可以说 APP 没有提供我需要的信息或者 APP 的信息对我没有用，这就面临如何界定使用者是不是得到了他想得到的信息，信息对他是不是真的没有用的问题。如果对接入 APP 和使用 APP 获得信息进行明晰的产权界定来收费，首先遇到使用者愿不愿意接入的问题。因为接入 APP 对使用者是不是有用和有多大的用，使用者并不能确定，这样必将影响 APP 的市场扩展与"流量"。其次，使用者接入之后，是不是获取了信息，信息是否对其有用和有多大用，APP 的所有者也不能确定。因此，要在 APP 接入和信息获取环节收费，就必须投入更多资源来界定产权，这被称之为界定和行使产权的外生交易成本。如果免费使用，又会出现机会主义行为，带来协调失灵的风险与损失，这被称之为界定和行使产权的内生交易成本。正是这种节省界定产权的外生交易成本与节省产权界定不清引起的内生交易成本之间两难冲突的折中决定了产权清晰程度（Yang and Wills，1990）。如果不界定 APP 接入与获取信息的产权所节省的交易成本大于这种不界定产权所产生的内生交易成本，则免费接入和获取信息是合理的。本专著认为由此带来的外部性也不会无限发展，因为 APP 使用者的最终目的也不是获取信息，最终还是要落实到所需要的产品上来，一旦进入到实际交易环节，就可以低成本清晰界定产权，从而克服外部性，减少机会主义行为带来的损失。

因此，APP 的所有者往往不在接入和获取信息环节收费，而在最后的商品买卖环节收费。分享经济中的这种收费模式，既有利于扩展供求双方更自由选择、更自由供给、更个性定制的广度与深度，发挥规模效应与多样化经济效应，又不至于出现过度外部性问题而导致市场失灵（此逻辑分析将在后面第四章中进行详细论证）。

3.1.3　专业化经济与分工网络效应

在新兴古典框架中，用专业化经济和分工网络效应来描述生产条件，一般均衡可以建立在报酬递增基础之上（杨小凯，2003：12），而网络效应（或网络生产力)与报酬递增正是分享经济呈现出极大发展潜力的根源所在。但在新古典经济学中,却是用规模经济来描述生产条件,一般均衡普遍建立在报酬递减基础之上。①

假设有两个企业各需要1个单位劳动来生产不同产品(分别生产食品和衣服),有完全相同的甲、乙两个人各拥有1个单位劳动,他们既可以各自把0.5个劳动单位分别卖给这两个企业,进行非专业化生产,也可以将自己的1个劳动单位卖给其中一个企业,进行专业化生产。前者是非专业化的组织结构,后者是专业化的组织结构。根据新古典规模经济的概念,投入资源条件相同,这两种模式的生产率应该是一样的。但是,根据亚当·斯密专业化提高劳动生产率的专业化经济概念,有专业化的模式将会产生一个更高的生产效率。

如图3.3中,ACB代表没有分工的生产转换曲线,代表较低的生产力水平,ADB代表有分工的生产转换曲线,代表较高的生产力水平。C和D分别代表无差异曲线与生产转换曲线相切的帕累托最优,表明这两种结构的生产力和财富总水平可能完全不同。如果不断改进交易效率,即使资源条件不变,提高社会分工水平,一般均衡和帕累托最优也可以从较低的潜在生产力水平向更高的潜在生产力水平靠近(如图3.3中由C点到D点),但在新古典经济学中,帕累托最优一旦被实现(如图的C点位置),那么生产力就没有提高的余地,还需发展经济学处理经济发展的问题。②

....

① 舒尔茨(2001)批评性地指出:"报酬递增活动在一般均衡理论的公理性核心分析中不存在"。

② 杨小凯(2003:128-129)在新古典经济学中,按照实现充分就业的生产力是潜在生产力水平的定义,由于其生产转换曲线是唯一的,所以,潜在生产力水平也是唯一的。但是一旦考虑分工组织结构问题,那么,这里就至少面临两种生产转换曲线,在C点和D点都实现了充分就业和帕累托最优,因此,即使资源条件相同,也面临两种潜在生产力水平。

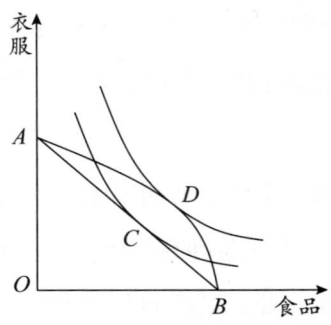

图3.3　生产力水平变化图

闲置资源的再资本化(如闲置房间、汽车的租赁)是分享经济中的重要话题，甚至把经济剩余视为理解分享经济的一把钥匙(马化腾，2016)。本专著认为这本质上就是在不改变资源条件下(如已经存在的房屋与汽车总量)，通过分工与组织结构的改变(如平台商的出现)，更加充分地利用闲置资源或经济剩余(如存在房间、汽车、技术等方面的闲置或剩余)，提高生产力，增加财富总量。也就是说，如果没有平台商等机构的出现来改变分工与组织结构，就不能充分利用闲置资源或经济剩余，生产力水平和财富总量就可能处于生产转换曲线 ACB 的 C 点状态；而平台商一旦出现，改变了社会分工与组织结构，即使资源条件没有变，但能够更加充分利用闲置资源或经济剩余，就可能使生产力水平和财富总量达到生产转换曲线 ADB 的 D 点状态。这是仅仅用规模经济描述生产力条件所不能企及的。这里还要特别说明的是，经济剩余不是理解分享经济的一把钥匙，因为人类社会从自给自足走向分工的商业社会，物质前提就是存在超过自身需要的经济剩余(如果没有经济剩余，就没有可交换的对象，因此也就没有分工)，经济剩余是早已存在的历史。

所以，问题的关键并不在于有没有资源闲置或经济剩余，而在于分享经济为什么能够大规模盘活闲置资源或经济剩余。

立足于专业化，就需要交换，因而形成网络；网络越大，人口规模就越大，市场容量就越大，从而报酬递增就越显著；报酬递增越显著，反过来进一步促进专业化。在专业化－网络效应－报酬递增的正反馈机制下，用专业化经济和分工网络效应来描述生产条件，再加上交易成本(亦即交易效率)的变化，组织结构就可以不断演化。从图3.4至图3.8反映了从自给自足，经局部分工到完全分工的组织结构变化。

图3.4是自给自足结构，在这一组织结构中，每个人生产并消费三种产品，生产集中度很低，每个人的专业化水平很低，不能获得熟能生巧和(或)降低总学习成本的好处，每个人的生产率很低，但是没有交易和交易成本。随着交易效率提高(即交易成本系数下降)，出现服务业，假设存在供求信息(r_1)和物流运输(r_2)两种服务。

图3.5是生产和服务业都是局部分工。在这一结构中，每个人生产的最终产品和服务种数是3种，个人职业模式是每个人卖一种产品或服务，买两种产品或一种产品加一种服务。

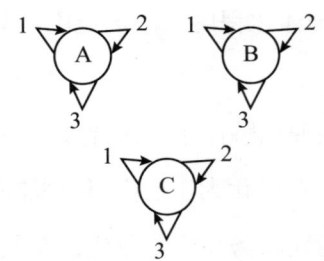

图3.4　自给自足

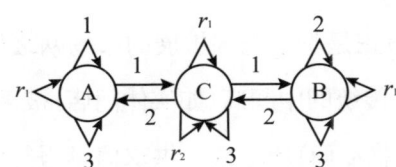

图3.5　生产及服务业局部分工

其中，中间商C自给供求信息服务 r_1 和第3种最终产品，向市场提供物流运输服务 r_2，买第1、2种最终产品；最终产品生产者自给供求信息服务和第3种产品，卖第1种或第2种最终产品，买第2种或第1种最终产品和物流运输服务 r_2。两种商品和一种服务的市场从分工中出现，产生了交易和交易成本。

图3.6是生产完全分工、服务业局部分工。最终产品生产者 A、B、D 分别生产第1、2、3种产品并自给供求信息服务，中间商C自给供求信息服务并向市场提供物流运输服务。三种产品和一种服务的市场从分工中出现。

图3.7是服务完全分工、生产局部分工，两种产品和两种服务的市场从分工中出现。随着移动互联网技术的发展，交通通信基础设施不断完善，交易效率大幅度提高，生产完全专业化，每个生产者都只生产一种产品；服务也完全专业化，平台商提供专门的供求信息服务并由供需双方直接对接，物流商专门提供物流服务。

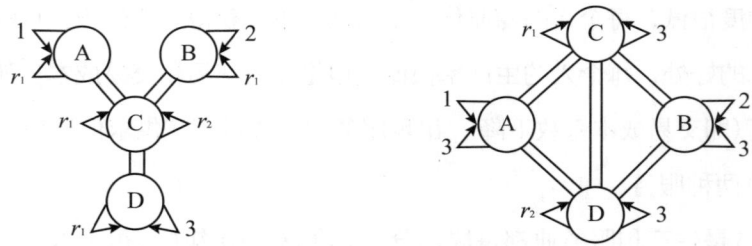

图3.6　生产完全分工、服务业局部分工　图3.7　生产局部分工和服务业完全分工

如图3.8所示：

（1）劳动专业化程度、生产集中度、市场一体化程度、市场范围与数目、商业化程度和生产力都进一步上升；

（2）正是基于无限扩展的市场网络体系和快速运输体系，大幅度提高交易效率，传统的中间商（如实体门店）被平台商（如C转化为平台商）和物流商（如E成为物流商）所取代，供求信息服务和物流运输服务高度专业化，专业信息商的出现和信息服务专业化是分享经济最重要的标志；

（3）每个人提供的产品和服务数量（包括经验、技能等）除满足自身需要之外都有经济剩余，在信息更加充分、运输更加快速、交易效率更高的市场体系中，能够被充分交换与利用。这些是纷繁复杂的分享经济形式表现出来的基本趋势，背后决定分享经济演化程度的基本机理正是分工的正网络效应与交易成本之间的两难冲突。

在新兴古典框架中，上述五种结构都是角点均衡，即给定某种分工结构下的资源最优配置均衡。在"给定组织结构下的资源配置"意义上，它等价于新古典经济学的一般均衡，因为后者不研究组织结构，或者组织结构是事先给定的、唯一的(杨小凯，2003：125)。也就是说，新古典经济学的一般均衡相当于新兴古典框架中的角点均衡。而新兴古典框架的一般均衡，还要对这些角点均衡再进行总成本—总收益的比较，即通过超边际分析得到一定参数空间下的帕累托最优角点均衡，才是一般均衡。因此，新兴古典一般均衡，既要研究各种组织结构下的资源最优配置，还要对各种组织结构进行比较，选择一定参数空间下的最优潜在生产力水平(如图3.3，或 ACB，或 ADB)及有效的分工结构和水平。

新兴古典均衡与新古典均衡另一个不同是前者建立在报酬递增基础上，后者一般建立在报酬递减基础上。根据熊彼特的总结，报酬递增包含两种情况。

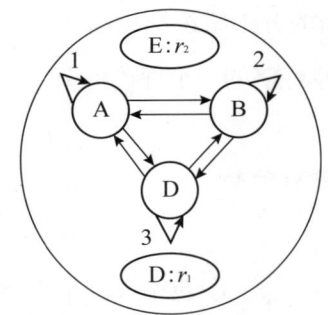

图3.8 生产和服务业完全分工

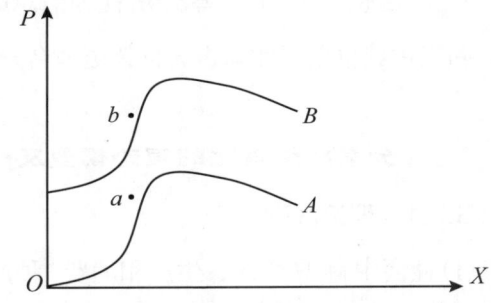

图3.9 报酬递增包含的两种情况

一种是如图3.9中 A、B 两条生产曲线所显示的，是指在技术不变的条件下，与边际报酬递减相对应的报酬递增。如在 a、b 两点之前，曲线的斜率上升，要素报酬递增。另一种是指"历史的报酬递增"，即约束条件(如技术、制度等)变化带来的要素报酬的增加。曲线从 A 移到 B，反映的是"历史的报酬递增"。正如熊彼特(Schumpeter, 1912 ： 396)所说："旧的曲线中断了，它被一条新的、保持高水平的曲线来代替，但新曲线仍然显示前一种意义上的报酬递增阶段和报酬递减阶段"，"也没有理由相信这些连续发生变动的水平之间差距应该越来越小。技术进步并不存在报酬递减的法则(向国成，2007)。"如果技术和组织条件始终不变，生产最终会进入报酬递减阶段，形成均衡，在这个意义上新古典均衡是适当的。但在动态竞争过程中，技术和组织条件是变化的，在报酬递增阶段就可能出现产品迭代(如软件)，也就是说产品生产不一定处于边际报酬递减阶段，而是可能不断处于报酬递增阶段，如在达到曲线 A 的转折点 a 点之前就跳到曲线 B，在新曲线的转折点 b 点之前生产。那么，报酬递增情况下均衡存在吗？如果只看到生产方的报酬递增，均衡确实不存在，但是把需求、交易和交易成本结合起来，交易成本对报酬递增起对冲作用，这时市场均衡是存在的，孙广振、杨小凯和周林(Sun et al.，1998)证明了分工与专业化报酬递增情况下一般均衡的存在性。这适用于分析具有较强报酬递增特征的分享经济。

综上所述，如果将分享经济视为信息时代新的分工组织结构与形式，那么，新兴古典框架是比新古典框架更适合分析分享经济的一个理论框架。

3.2　分享经济演化的理论模型及一般均衡分析

3.2.1　理论假设

(1)社会中有 M 个人，生产和消费3种产品(x、y、z)，每个人既是生产者又是消费者，天生相同，对每种产品的偏好一致；

(2)如果出现生产与服务分工时，有供求信息(r_1)和物流运输(r_2)两类服务；

(3)生产中只使用劳动力这一种生产要素，在每一种产品的生产和服务中都存在专业化经济，随在一种产品和服务生产中劳动投入份额增加呈现报酬递增特征(向国成等，2017)，每种产品和服务的专业化经济程度相同；

(4)每个人的劳动禀赋为1单位；

(5)文定理(Wen，1998)认为最优决策从不同时买和卖同种产品，从不同时买和生产同种产品，最多卖一种产品；

(6)每个人的效用、生产函数相同。各函数设置如下：

$$U = \left[x + k\left(r_1 + kr_1^d\right)\left(r_2 + kr_2^d\right)x^d \right]\left[y + k\left(r_1 + kr_1^d\right)\left(r_2 + kr_2^d\right)y^d \right]$$
$$\left[z + k\left(r_1 + kr_1^d\right)\left(r_2 + kr_2^d\right)z^d \right] \tag{3-1}$$

$$X^\rho = x + x^s = l_x^a \tag{3-2}$$

$$Y^\rho = y + y^s = l_y^b \tag{3-3}$$

$$Z^\rho = z + z^s = l_z^c \tag{3-4}$$

$$R_1^\rho = r_1 + r_1^s = l_{r_1}^d \tag{3-5}$$

$$R_2^\rho = r_2 + r_2^s = l_{r_1}^e \tag{3-6}$$

$$l_x + l_y + l_z + l_{r_1} + l_{r_2} = l = 1 \tag{3-7}$$

$$p_x x^s + p_y y^s + p_z z^s + p_{r_1} r_1^s + p_{r_2} r_2^s = p_x x^d + p_y y^d + p_z z^d + p_{r_1} r_1^d + p_{r_2} r_2^d \tag{3-8}$$

(3-1) 式是效用函数，U 代表效用水平，其中，x、y、z、r_1、r_2 表示产品和服务的自给量，x^d、y^d、z^d、r_1^d、r_2^d 表示产品和服务的购买量。k 是与贸易伙伴距离及人数相关的交易效率，$k = 1 - s\sqrt{N}$，s 是距离参数，是依赖于邻里之间的距离和 π 的参数，与距离、运输及通信条件有关；N 是贸易伙伴，也是一个人购买的贸易品种数，如果加上其自身出卖的一种商品，市场的贸易品种数是 $n = N+1$，因此，$k = 1 - s\sqrt{n-1}$（杨小凯，2003：135-140）。$(r_1 + kr_1^d)$、$(r_2 + kr_2^d)$ 分别表示最终得到的供求信息服务、物流运输服务的总量，它们依赖于用于交易服务的劳动数量，可以视为只与贸易数量相关的交易效率。

　　(3-2)、(3-3)、(3-4)、(3-5)、(3-6) 式是产品和服务的生产函数，假定专业化经济程度相等，$a = b = c = d = e$，且大于1，体现报酬递增特征。(3-7) 式是劳动禀赋，(3-8) 式是预算约束。

3.2.2　角点均衡信息

　　在 $m \times n$ 的格局中，存在无数结构，利用文定理可以排除许多无效结构。对于事前相同的消费者－生产者集是一个连续统的经济而言，如果个人的偏好是理性的、连续的和凸的，生产具有专业化经济，个人的劳动时间是有限的，那么瓦尔拉斯一般均衡存在，并且它就是帕累托最优角点均衡，这被称之为姚定理(向国成，2017)。[①] 为使问题尽可能简化，这里只求与图3.4、图3.5、图3.6、图3.7和图3.8结构类似的角点均衡信息。

3.2.2.1 自给自足结构(A)

在这一结构中，每个人自给自足3种产品。效用函数、生产函数、劳动禀赋如下：

$$\max U = xyz \tag{3-9}$$

$$\text{s.t.} \quad X^\rho = x = l_x^a, \quad Y^\rho = y = l_y^a, \quad Z^\rho = z = l_z^a \tag{3-9-1}$$

$$l_x + l_y + l_z = 1 \tag{3-9-2}$$

其解为：此结构中每个人的专业化水平、产品自给量，及其实际效用水平(真实收入)如下：

$$x_1 = x_2 = x_3 = \left(\frac{1}{3}\right)^a; l_1 = l_2 = l_3 = \frac{1}{3}; U_A^* = \left(\frac{1}{3}\right)^{3a}$$

3.2.2.2 生产及服务局部分工(B)

每个人卖一种产品或服务，买一种产品或服务，或买两种产品，包含三种职业模式(职业模式组合构成分工结构)：

第一类专家生产最终品 x、z，一部分 x 用于自给($x > 0$)，一部分用于出售($x^s > 0$)，而 z 全部用于自给，并从市场上得到 y^d 和 r_2^d ($y^d > 0$，$r_2^d > 0$)，同时自给信息服务 r_1；

第二类专家生产最终品 y、z，一部分 y 用于自给($y > 0$)，一部分用于出售($y^s > 0$)，而 z 全部用于自给，并从市场上得到 x^d 和 r_2^d ($x^d > 0$，$r_2^d > 0$)，

---

① Sun G, Yang X, Yao S. Theoretical Foundational of Economic Development Based On Networking Decisions in the Competitive Market[R]. Harvard Center for international Development Working Paper,1999. 见杨小凯：《经济学：新兴古典与新古典框架》，社会科学文献出版社，2003 年 12 月第 1 版，第 122 页。

同时自给信息服务 r_1；

第三类专家生产最终品 z 和物流服务 r_2，一部分 r_2 用于自给（$r_2 > 0$），一部分用于出售（$r_2^s > 0$），而 z 全部用于自给，并从市场上得到 x^d 和 y^d（$x^d > 0$，$y^d > 0$），同时自给信息服务 r_1。

这一结构处于分工的低级阶段，在集市贸易、前店后厂中，可以看到第三类专家这种半专业化的中间商，既生产少数最终产品，又把别人的产品收集起来在市场上出卖，收集产品的过程就是提供信息和物流服务的过程，生产及服务局部分工。

第一类生产专家的决策问题为：

$$\max U = xkr_1kr_2^d y^d z \tag{3-10}$$

$$\text{s.t.}\quad X^\rho = x + x^s = l_x^a,\ \ Z^\rho = z = l_z^a,\ \ R_1^p = r_1 = l_{r_1}^a \tag{3-10-1}$$

$$l_x + l_z + l_{r_1} = 1 \tag{3-10-2}$$

$$p_x x^s = p_y y^d + p_{r_2} r_2^d \tag{3-10-3}$$

其解为：

$$U_1 = \frac{3^{3a-3}}{5^{5a}} \frac{k^2 p_x^2}{p_y p_{r_2}} \tag{3-10-4}$$

$$y^d = \frac{1}{3}\left(\frac{3}{5}\right)^a \frac{p_x}{p_y},\ \ r_2^d = \frac{1}{3}\left(\frac{3}{5}\right)^a \frac{p_x}{p_{r_2}} \tag{3-10-5}$$

$$x = \frac{1}{3}\left(\frac{3}{5}\right)^a,\ \ x^s = \frac{2}{3}\left(\frac{3}{5}\right)^a \tag{3-10-6}$$

$$l_x = \frac{3}{5},\ \ l_z = l_{r_1} = \frac{1}{5} \tag{3-10-7}$$

第二类生产专家的决策问题为：

$$\max U = ykr_1kr_2^d x^d z \tag{3-11}$$

$$\text{s.t.}\quad Y^\rho = y + y^s = l_y^a,\ \ Z^\rho = z = l_z^a,\ \ R_1^p = r_1 = l_{r_1}^a \tag{3-11-1}$$

$$l_x + l_z + l_{r_1} = 1 \tag{3-11-2}$$

$$p_y y^s = p_x x^d + p_{r_2} r_2^d \tag{3-11-3}$$

其解为：

$$U_2 = \frac{3^{3a-3}}{5^{5a}} \frac{k^2 p_y^2}{p_x p_{r_2}} \tag{3-11-4}$$

$$x^d = \frac{1}{3} \left(\frac{3}{5}\right)^a \frac{p_y}{p_x}, \quad r_2^d = \frac{1}{3} \left(\frac{3}{5}\right)^a \frac{p_y}{p_{r_2}} \tag{3-11-5}$$

$$y = \frac{1}{3} \left(\frac{3}{5}\right)^a, \quad y^s = \frac{2}{3} \left(\frac{3}{5}\right)^a \tag{3-11-6}$$

$$l_y = \frac{3}{5}, \quad l_z = l_{r_1} = \frac{1}{5} \tag{3-11-7}$$

第三类生产专家的决策问题为：

$$\max U = r_1 r_2 k x^d r_1 r_2 k y^d z \tag{3-12}$$

$$\text{s.t.} \quad R_2^p = r_2 + r_2^s = l_{r_2}^a, \quad Z^\rho = z = l_z^a, \quad R_1^p = r_1 = l_{r_1}^a \tag{3-12-1}$$

$$l_{r_2} + l_z + l_{r_1} = 1 \tag{3-12-2}$$

$$p_{r_2} r_2^s = p_x x_4^d + p_y y^d \tag{3-12-3}$$

其解为：

$$U_3 = \frac{4^{5a-3}}{7^{7a}} \frac{k^2 p_{r_2}^2}{p_x p_y} \tag{3-12-4}$$

$$x^d = \frac{p_{r_2}}{4 p_x} \left(\frac{4}{7}\right)^a, \quad y^d = \frac{p_{r_2}}{4 p_v} \left(\frac{4}{7}\right)^a \tag{3-12-5}$$

$$r_2 = r_2^s = \frac{1}{2} \left(\frac{4}{7}\right)^a \tag{3-12-6}$$

$$l_{r_2} = \frac{4}{7}, \quad l_z = \frac{1}{7}, \quad l_{r_1} = \frac{2}{7} \tag{3-12-7}$$

根据均衡的效用均等化条件、市场出清条件和人口规模等式，即 $U_1 = U_2 = U_3$、$M_3 r_2^s = M_1 r_2^d + M_2 r_2^d$ 和 $M = M_1 + M_2 + M_3$（M_1、M_2、M_3 分别是结构 B 中第一类、第二类和第三类生产专家的人数），可得到结构 B 角点均衡时的均衡相对人数、价格、和人均真实收入：

$$p_x / p_y = 1;$$

$$p_x/p_{r_2} = \frac{3}{4}(0.524)^a;$$

$$M_1/M_2 = 1;$$

$$M_3/M_1 = (0.55)^a;$$

$$U_B^* = \frac{3^{3a-2}}{5^{5a}}\frac{\left(1-s\sqrt{2}\right)^2}{4}(0.524)^a。$$

3.2.2.3　生产完全分工、服务局部分工（C）——（求解过程见附录 A）

在这一结构中，每个人自给供求信息服务，三种产品由不同的人生产，生产完全专业化；中间商向市场提供物流服务，由半专业化演变为专业化的商人。这一结构包含四种职业模式：

第一类专家生产最终品 x，一部分 x 用于自给（$x>0$），一部分用于出售（$x^s>0$），并从市场上得到 y^d、z^d 和 r_2^d（$y^d>0$，$z^d>0$，$r_2^d>0$），同时自给信息服务 r_1；

第二类专家生产最终品 y，一部分 y 用于自给（$y>0$），一部分用于出售（$y^s>0$），并从市场上得到 x^d、z^d 和 r_2^d（$x^d>0$，$z^d>0$，$r_2^d>0$），同时自给信息服务 r_1；

第三类专家生产最终品 z，一部分 z 用于自给（$z>0$），一部分用于出售（$z^s>0$），并从市场上得到 x^d、y^d 和 r_2^d（$x^d>0$，$y^d>0$，$r_2^d>0$），同时自给信息服务 r_1；

第四类专家生产物流服务 r_2，一部分 r_2 用于自给（$r_2>0$），一部分用于出售（$r_2^s>0$），并从市场上得到 x^d、y^d 和 z^d（$x^d>0$，$y^d>0$，$z^d>0$），同时自给信息服务 r_1。

按照求解结构 B 的类似步骤，求解结构 C 角点均衡时的相对人数、价格和人均真实收入：

$$p_x/p_y/p_z = 1$$

$$p_x/p_{r_2} = 0.324\,5(0.734\,8)^a k^{1/5}$$

$$M_1 / M_2 / M_3 = 1;$$

$$M_4 / M_1 = 0.7788(0.7873)^a k^{1/5};$$

$$U_c^* = 0.105(0.54)^a k^{22/5} \frac{5^{5a-5} 2^{2a+2}}{7^{7a}} \text{。}$$

3.2.2.4　服务完全分工、生产局部分工（D）——（求解过程见附录 B）

这一结构包含四种职业模式：

第一类专家生产最终品 x，一部分 x 用于自给（$x > 0$），一部分用于出售（$x^s > 0$），并从市场上得到 y^d、r_1^d 和 r_2^d（$y^d > 0$，$r_1^d > 0$，$r_2^d > 0$），同时自给最终品 z；

第二类专家生产最终品 y，一部分 y 用于自给（$y > 0$），一部分用于出售（$y^s > 0$），并从市场上得到 x^d、r_1^d 和 r_2^d（$x^d > 0$，$r_1^d > 0$，$r_2^d > 0$），同时自给最终品 z；

第三类专家生产信息服务 r_1，一部分 r_1 用于自给（$r_1 > 0$），一部分用于出售（$r_1^s > 0$），并从市场上得到 x^d、y^d 和 r_2^d（$x^d > 0$，$y^d > 0$，$r_2^d > 0$），同时自给最终品 z；

第四类专家生产物流服务 r_2，一部分 r_2 用于自给（$r_2 > 0$），一部分用于出售（$r_2^s > 0$），并从市场上得到 x^d、y^d 和 r_1^d（$x^d > 0$，$y^d > 0$，$r_1^d > 0$），同时自给最终品 z。

按照求解结构 B 的类似步骤，求解结构 D 角点均衡时的均衡相对人数、价格和人均真实收入：

$$p_x / p_y = 1;$$

$$p_x / p_{r_1} = 1.837(0.9119)^a \left(1 - s\sqrt{3}\right)^{1/4};$$

$$p_{r_1} / p_{r_2} = 1;$$

$$M_1 / M_2 = 1;$$

$$M_3/M_1 = 2.756(0.8511)^a \left(1-s\sqrt{3}\right)^{1/4};$$

$$M_3/M_4 = 1;$$

$$U_D^* = U_1 = U_2 = U_3 = U_4 = \frac{1}{470}(0.074703)^a \left(1-s\sqrt{3}\right)^{13/4}。$$

3.2.2.5　生产和服务完全分工（E）——（求解过程见附录 C）

在这一结构中，不仅生产完全分工，而且服务也完全分工，诞生了专业的信息商，信息服务专门化，这是信息时代最重要的标志，也是分享经济赖以发展的基础。可以设想，如果没有专业信息商和信息服务的专门化，就不可能有今天分享经济的蓬勃发展。这一结构是对分享经济的近似反映，包含五种职业模式：

第一类专家生产最终品 x，一部分 x 用于自给（$x>0$），一部分用于出售（$x^s>0$），并从市场上得到 y^d、z^d、r_1^d 和 r_2^d（$y^d>0$, $z^d>0$, $r_1^d>0$, $r_2^d>0$）；

第二类专家生产最终品 y，一部分 y 用于自给（$y>0$），一部分用于出售（$y^s>0$），并从市场上得到 x^d、z^d、r_1^d 和 r_2^d 和（$x^d>0$, $z^d>0$, $r_1^d>0$, $r_2^d>0$）；

第三类专家生产最终品 z，一部分 z 用于自给（$z>0$），一部分用于出售（$z^s>0$），并从市场上得到 x^d、y^d、r_1^d 和 r_2^d（$x^d>0$, $y^d>0$, $r_1^d>0$, $r_2^d>0$）；

第四类专家提供信息服务 r_1，一部分 r_1 用于自给（$r_1>0$），一部分用于出售（$r_1^s>0$），并从市场上得到 x^d、y^d、z^d 和 r_2^d（$x^d>0$, $y^d>0$, $z^d>0$, $r_2^d>0$）；

第五类专家提供物流服务 r_2，一部分 r_2 用于自给（$r_2>0$），一部分用于出售（$r_2^s>0$），并从市场上得到 x^d、y^d、r_1^d 和 z^d（$x^d>0$, $y^d>0$, $r_1^d>0$, $z^d>0$）。

按照求解结构 B 的类似步骤，求解结构 E 角点均衡时的均衡相对人数、价格和人均真实收入：

$$p_x / p_y / p_z = 1;$$

$$p_x / p_{r_1} = 0.716;$$

$$p_{r_1} / p_{r_2} = 1;$$

$$M_1 / M_2 / M_3 = 1; \qquad M_4 / M_1 = 1.884$$

$$M_5 / M_4 = 1;$$

$$U_E^* = \frac{(1.432)^4}{7^7}\left(1 - s\sqrt{4}\right)^6 。$$

3.2.3 一般均衡的超边际比较静态分析

根据一般均衡存在的充分条件。

生产和服务局部分工结构 B 为均衡结构必须同时满足：

$$U_B^* > U_A^*, \ U_B^* > U_C^*, \ U_B^* > U_D^*;$$

生产完全分工结构 C 是均衡结构则需要：

$$U_C^* > U_A^*, \ U_C^* > U_B^*, \ U_C^* > U_D^*;$$

生产和服务完全分工结构 D 是均衡结构则需满足：

$$U_D^* > U_A^*, \ U_D^* > U_B^*, \ U_D^* > U_C^* 。$$

其中，U_A^*，U_B^*，U_C^*，U_D^* 如上述所求。由此得出一般均衡和它的超边际比较静态分析结果（见表3.1）：

表3.1 一般均衡及其超边际比较静态分析

s	> 0.58	$\in (0.50, 0.58)$		< 0.50	
a 结构		<8.77	>8.77	<3.70	>3.70
	A	A	D	A	E

计算结果显示：对于 $a > 1$、$s > 0$，U_A^* 恒大于 U_B^* 与 U_C^*，即分工结构 B 和 C 不可能为均衡结构，而可能的均衡结构在分工结构 D、E 和自给自足结构 A 之中产生。

哪一个结构为一般均衡则取决于交易距离 s 与专业化经济程度参数 a 的子空间，如表3.1所示：

如果交易距离参数 $s > 0.71$，或 $0.5 < s < 0.58$ 且专业化经济程度 $a < 8.77$，或 $s < 0.5$ 且 $a < 3.70$，则自给自足结构 A 是一般均衡；

如果 $0.5 < s < 0.58$ 且 $a > 8.77$，则生产不完全分工但服务完全分工的结构 D 是一般均衡；

如果 $s < 0.5$ 且 $a > 3.70$，则生产和服务都完全分工的结构 E 是一般均衡。

经济含义如下：

(1) 从理论上看，B 和 C 结构不是一般均衡结构，说明没有信息服务与物流服务的专业化分工，生产的专业化也难以实现。这尽管不完全切合实际情况，但反映了服务分工对产品分工的制约作用。专业信息商从分工中独立出来，以及信息服务专门化、网络化是分享经济发展最重要的标志。

(2) 分享经济的产生具有门槛限制。最终品和服务生产的专业化经济程度 a 以及交易距离 s 决定了均衡结构(即经济组织的有效模式)的出现。如果分享伙伴之间的距离过长($s > 0.58$)，那么他们之间则不会形成分享经济，此时他们的最优选择是自给自足；如果最终品和服务生产的专业化经济程度参数过低($a < 3.70$)，那么分工的网络经济效应还不能抵扣分享成本，这时也会退回到自给自足。简言之，最终品和服务生产的专业化经济程度参数与交易距离(分享伙伴之间的平均距离的大小)只有达到临界值(即门槛)，才能推动分享经济产生。

(3) 专业化经济程度的分享规模扩大效应。在分享伙伴之间的交易距离较短($s < 0.5$))的情形下，一般均衡结构由最终品和服务生产的专业化经济程度参数 a 决定。如果最终品和服务生产的专业化经济程度参数较低($a < 3.70$)，则专业化的好处较少，且无法实现；相反，如果最终品和服务生产的专业化经济程度参数较高 $a > 3.70$，那么，生产和服务完全分工结构 E 所产生的利大于弊，分享经济的均衡规模扩大，把更多的人和产业卷入分享经济领域，并扩大各产业、产品规模。

（4）城市化及基础设施的分享规模促进效应。对于交易距离 s，既可以理解为空间距离，提高城市化水平起到缩短贸易伙伴空间距离的作用，也可以理解为时间距离（即速度距离），高速交通通信信息网络基础设施的发展起到缩短贸易伙伴时间距离的作用。交易距离系数（s）与专业化经济程度参数（a）之间存在一定的替代关系，前者越小，实现专业化所要求的专业化经济程度系数越小，更容易促进专业化发展。当交易距离参数 $s > 0.71$ 时，无论专业化经济程度系数多高，自给自足结构是最优均衡，分工经济不足以抵消交易成本；当交易距离系数下降，$0.5 < s < 0.58$ 时，所要求的专业化经济程度参数 $a > 8.77$，最优均衡结构就会从自给自足结构（A）跳跃到服务完全分工结构（D），分享经济开始出现；如果城市化水平进一步提高，高速交通通信信息网络基础设施进一步完善，当交易距离系数进一步下降，$s < 0.5$ 时，只要专业化经济程度参数 $a < 3.7$，最优均衡结构就由服务完全分工结构 D 跳跃到生产和服务完全分工结构 E，那么，分享经济均衡规模进一步扩展，将把更多的人和产业卷入分享经济领域，并扩大各产业、产品规模。

3.3 分享经济的经济发展效应

随着分享经济的出现，其经济发展效应可以从平均劳动生产率上升、劳动力在行业间转移、市场容量扩展、人均真实收入提高等方面显现出来。

3.3.1 平均劳动生产率的上升效应

参照 Yang（2001）的定义，平均劳动生产率是一种产品（或服务）的产出与其相应的专业化水平（即劳动份额）的比值。将上文求得的各变量代入公式，在服务完全分工结构 D 中，第一类和第二类生产者在其对应产品 x 和 y 上的平均劳动生产率为：

$$\frac{x^p}{l_x} = \frac{y^p}{l_y} = \left(\frac{4}{5}\right)^{a-1}$$

在产品上的平均劳动生产率均为：

$$\frac{z^p}{l_z} = \left(\frac{1}{5}\right)^{a-1}$$

第三类和第四类生产者在其对应产品 r_1 和 r_2 上的平均劳动生产率分别为：

$$\frac{r_1^p}{l_{r_1}} = \frac{r_2^p}{l_{r_2}} = \left(\frac{6}{7}\right)^{a-1}$$

在 z 产品上的平均劳动生产率均为：

$$\frac{z^p}{l_z} = \left(\frac{1}{7}\right)^{a-1}$$

而在生产和服务完全分工结构 E，第一类、第二类、第三类、第四类和第五类生产者在其对应的产品 x、y、z、r_1、r_2 的平均劳动生产率为：

$$\frac{x^p}{l_x} = \frac{y^p}{l_y} = \frac{z^p}{l_z} = \frac{r_1^p}{l_{r_1}} = \frac{r_2^p}{l_{r_2}} = 1$$

对比结构 D 与 E 有：生产和服务完全分工结构 E 的最终品和服务的平均劳动生产率恒大于服务完全分工结构 D。因此，分享经济发展有利于促进全社会专业化水平，将有利于提高各行业、各专业的平均劳动生产率。

3.3.2 劳动力的部门转移效应

在服务完全分工结构 D，均衡时第一类和第二类劳动力的人数为：

$$M_1 = M_2 = \frac{M}{2 + 5.512(0.8511)^a(1 - s\sqrt{3})^{1/4}}$$

第三类和第四类劳动力的人数为：

$$M_3 = M_4 = \frac{2.756(0.8511)^a(1 - s\sqrt{3})^{1/4}M}{2 + 5.512(0.8511)^a(1 - s\sqrt{3})^{1/4}}$$

因 $\dfrac{\partial M_3}{\partial s} > 0, \dfrac{\partial M_4}{\partial s} > 0$ ，在其他条件不变的情况下，随着城市化水平提高和

基础设施改进，交易空间及时间距离 s 缩小，进行物流服务和共享服务劳动力人数均增加，而最终品生产的劳动力人数减少，这与分享经济服务部门的报酬递增特征具有高度的逻辑内洽性。这反映的是劳动力在结构内的跨部门流动。当 $s < 0.5$ 且 $a > 3.70$ 时，均衡结构由服务完全分工结构 D 跳跃到生产和服务完全分工结构 E。劳动力部门由四个增加至五个，这反映了劳动力在不同结构之间的跨部门流动。此时，第一、二、三、四、五类的劳动力人数分别为：

$$M_1 = M_2 = M_3 = \frac{M}{6.68}; M_4 = M_5 = \frac{1.84M}{6.68}$$

因此，伴随专业化经济程度、城市化水平提高以及基础设施改进，分工网络进一步扩展，专业化经济现象更加显著，最终品和服务生产的劳动力都完全专业化，从事最终品生产的一部分劳动力转向服务生产。

3.3.3 市场容量的扩大效应

市场容量是产品(或服务)的总需求量，即个人需求量与总需求人数的乘积。在服务完全分工结构 D 中，最终品 x、y 的市场容量分别为：

$$D_x = M_2 x_2^d + M_3 x_3^d + M_4 x_4^d = D_y = \frac{0.75(0.8)^a M}{2 + 5.512(0.8511)^a (1 - s\sqrt{3})^{1/4}}$$

信息服务 r_1 和物流服务 r_2 的市场容量分别为：

$$D_{r_1} = M_1 r_{1_1}^d + M_2 r_{1_2}^d + M_4 r_{1_4}^d = D_{r_2} = \frac{1.84(0.73)^a M}{2 + 5.512(0.8511)^a}$$

而在生产和服务完全分工结构 E，最终品 x、y、z 的市场容量为：

$$D_x = M_2 x_2^d + M_3 x_3^d + M_4 x_4^d + M_5 x_5^d = D_y = D_z = 0.129M$$

信息服务 r_1 和物流服务 r_2 的市场容量为：

$$D_{r_1} = M_1 r_{1_1}^d + M_1 r_{1_2}^d + M_3 r_{1_3}^d + M_5 r_{1_5}^d = D_{r_2} = 0.184M$$

对比结构 D 与 E 有：当专业化经济程度 $a > 3.7$，生产和服务完全分工结构 E 比服务完全分工结构 D 的信息服务和物流服务的市场容量更大；当交易距离参数 $s < 0.5$，生产和服务完全分工结构 E 比服务完全分工结构 D 的最终品

的市场容量更大。因此，通过提高专业化经济程度和城市化水平，改进基础设施，分享经济能直接提高最终品、信息服务和物流服务的市场容量，扩大市场总容量。对于绿色农产品来说，市场容量的扩大是其市场形成和发展的关键。

3.3.4　人均真实收入的提高效应

在服务完全分工结构 D，均衡时第一类、第二类、第三类和第四类的人均真实收入均为：

$$U_D^* = \frac{1}{470}(0.074703)^a \left(1 - s\sqrt{3}\right)^{13/4}$$

而在生产和服务完全分工结构 E，第一类、第二类、第三类、第四类和第五类的人均真实收入分别为：

$$U_E^* = \frac{(1.432)^4}{7^7}\left(1 - s\sqrt{4}\right)^6$$

在服务完全分工结构 D，人均真实收入与专业化经济程度参数（a）成反比，而与交易距离（s）成正比。在生产和服务完全分工结构 E，人均真实收入只与交易距离（s）成正比，专业化经济已充分挖掘。对比这两个结构，当 $a >$ 8.77、$s < 0.5$ 时，生产和服务完全分工结构 E 的人均真实收入将高于服务完全分工结构 D。因此，由于人均真实收入与贸易伙伴交易距离 s 成正比，随着城市化水平提高和基础设施不断改进，分享经济极大地缩短了贸易伙伴之间交易的空间与时间距离，将促进最终品、信息服务和物流服务生产者人均真实收入提高。绿色农产品相对普通产品价格会高些，只有当人们的人均真实收入提高后，才有能力购买绿色农产品，绿色农产品市场才有可能发展。

3.4　本章小结

本章基于分工网络效应与交易成本的两难冲突，构建新兴古典超边际分析模型，揭示了分享经济发生及演变的内在机理及其市场发展效应。最终得到以下结论。

（1）所有权与使用权分离、经济剩余等并非分享经济的特有本质，分享经济是互联网时代参与主体利用网络分享平台，超越时空、所有权、隶属关系等限制，以利于变换所有者与使用者、生产者与消费者身份，扩展分工与合作秩序及方式，进而使资源尤其是闲置资源得到更加准确匹配和有效利用以提升网络生产力的经济模式与形态。

（2）由于新兴古典分析框架假设每个人既是生产者又是消费者，用具有报酬递增特征的专业化经济与分工网络效应表征生产条件，有机融入交易成本的组织演进功能，切合分享经济的消费者与生产者身份融合、报酬递增、网络效应等特征，具有纳入不同研究视角（如基于信息对称性、交易成本、产权、知识经济等视角）的包容性，是比新古典经济学更适合分析分享经济的理论框架。

（3）分享经济发生与演进的内在机理是基于分工网络效应与交易成本这一基本矛盾。随着城市化水平提高，基础设施不断完善，尤其是移动互联网技术的高度发展与运用，交易效率不断提高，极大地扩展了协调这一基本矛盾的张力、回旋余地与空间，一旦越过分享经济产生的门槛限制，将孕育出分享经济这一新模式、新形态，专业信息商从分工中独立出来，以及信息服务专门化、网络化是分享经济最重要的标志。

（4）通过新兴古典分析模型内生了分享经济中消费者－生产者的专业化水平、专家人数、最终品与服务的需求量和供给量、相对价格以及人均真实收入。随着交易效率不断提高，不断提升专业化水平，扩展分工网络，分享经济将促进平均劳动生产率提高、劳动力跨部门转移、市场容量扩大、人均真实收入增加，并且它们会形成正向经济反馈网络进一步推动经济发展，这正是分享经济的经济发展效应。

第四章　绿色农产品分享经济平台 APP 的市场有效性逻辑

由于交易是分享经济的基础，我们很难想象，没有 APP 分享经济的最终交易，人们仅仅是刷一刷屏就能使得 APP 存在并持续发展。显然，交易的帕累托效率的改进，才是分享经济存在的首要逻辑。

那么，在以 APP 为载体的分享经济中，为什么免费的产权接入、使用和交易甚至对消费者的补偿能够存在，却没有同时陷入产权外部性导致的市场失灵困境？从表象来看，这是为了扩展市场网络，获得更多"流量"，但从实质来看，根据新兴古典产权理论，这是由交易不确定性导致的产权模糊。

以专业化绿色农产品分享平台 APP 为例，如果对接入 APP 和使用 APP 获得信息进行明晰的产权界定来收费，首先遇到绿色农产品消费者和生产者愿不愿意接入的问题。因为接入 APP 对绿色农产品消费者和生产者是不是有用、有多大用，绿色农产品消费者和生产者并不能确定，这样必将影响 APP 的市场扩展与"流量"。其次，绿色农产品消费者和生产者接入之后，是不是获取了信息、信息是否对其有用、有多大用，APP 的所有者(绿色农产品分享平台)也不能确定。因此，要在 APP 接入和信息获取环节收费，就必须投入更多资源来界定产权，这被称之为界定和行使产权的外生交易成本。

　　如果免费使用，又会出现机会主义行为带来协调失灵的风险与损失，这被称之为界定和行使产权的内生交易成本。正是这种节省界定产权的外生交易成本与节省产权界定不清引起的内生交易成本之间两难冲突的折中决定了产权清晰程度。如果不界定 APP 接入与获取信息的产权所节省的交易成本大于这种不界定产权所产生的内生交易成本，则免费接入和获取信息是合理的。由于 APP 中绿色农产品消费者和生产者的最终目的也不是获取信息，最终还是要落实到所需要的绿色农产品上来，一旦进入到实际交易环节，就可以低成本清晰界定产权，从而克服外部性，减少机会主义行为带来的损失。

　　因此，APP 对绿色农产品消费者和生产者往往不在接入和获取信息环节收费，而在最后的商品买卖环节收费。分享经济中的这种收费模式，既有利于扩展供求双方更自由选择、更自由供给、更个性定制的广度与深度，发挥规模效应与多样化经济效应，又不至于出现过度外部性问题而导致市场失灵。

　　由于互联网、移动通信工具的便捷性，用户对于 APP 软件的下载、使用并达成交易的过程，产生了两个方面的重要影响：一方面，通过"互联网 +"模式节约了传统经济的交易成本，将更多的经济体及其产品纳入零距离的市场交易体系；另一方面，这种分享新模式突破了时空、所有权、隶属关系的限制，扩充了市场范围、扩展了分工秩序，使得社会资源，尤其是闲置资源得到准确匹配和有效利用，其内在的经济价值使得 APP 产权的部分甚至免费接入、使用能够存在，并极大化了社会总福利。此时，一些学者认为传统理论的产权外部性导致市场失灵的逻辑，便在广泛存在的免费使用进而产权模糊的分享经济中被部分地颠覆，以至于需要用利他主义来解释（Stokes et al., 2014）。在以 APP 为重要工具与载体的分享经济中，"产权外部性失灵"理论真的失灵吗，这正是本章要回答的问题。

　　立足产权动态均衡与用户资本化揭示 APP 分享经济的开放、合作与分享机制，本章将剖析绿色农产品分享平台 APP 外部性的市场有效逻辑。本章从微观决策机制入手，通过将 APP 研发商、平台商和产品供给者三方统合起来，融入消费者对于 APP 的软件下载、信息使用和产品购买服务等三阶段的动态博弈，通过产权动态均衡和用户资本化的分析，揭示了 APP 分享经济产权外部性不失灵的内在逻辑，关键在于 APP 软件平台分工的技术创新，使得分享经济的交易摆脱了传统经济的委托代理成本。具体地，本专著不仅对现实中占主流地位的供给商主导一体化解给出了完美的理论解释；同时，通过对用户资本化的定义计算，证明了用户资本化的价值法则和门槛法则，并给出现实中终端用户补偿的逻辑分析。

本章以下分析由五部分组成：

第一部分阐述分享经济的产权关系；

第二部分是基于三阶段动态博弈基本模型的均衡分析，以收费 - 收益为基准，给出了理论上三类七个均衡解；

第三部分根据用户选择决定权和供给方代理成本探讨了以供给商第三阶段收费为主的一体化产权界定逻辑，进而解释外部性市场不失灵的内在机理；

第四部分讨论了用户资本化的概念，计算了用户资本化的子产权群及其网络价值，并给出相关性质的证明；

最后是结论。

4.1　APP 分享经济的产权关系

当一个 APP "技术"通过互联网平台，将特定时空、特定资源的供需双方联接起来时，原来生产者对消费者（B2C）、生产者对生产者（B2B）、消费者对消费者（C2C）及消费者对生产者（C2B）之间的市场距离消失了，大大降低了单位交易的交易成本。这种非传统的分享经济模式使得原来经济中不可能的生产、交易与消费变得可能，并在瞬间完成搜寻、匹配和交易。其内在的经济逻辑，已经受到学术界越来越广泛的重视。

　　目前，理论界主要关注分享经济的商业模式及影响、分享经济的基本性质与可持续发展理论（Cheng Mingming，2016）。其中，尤以企业界的功能性研究为盛，马化腾（2016）就给出分享经济定义涉及到参与主体、闲置资源、网络分享平台和交易收益等要素，但其核心"基于网络分享的交易逻辑"并没有被凸显出来。由于交易是分享经济的基础，没有 APP 分享经济的最终交易，APP 存在并持续发展不可能依靠人们刷屏实现。显然，交易效率提升才是互联网经济存在的首要逻辑。

　　从分享经济的交易成本分析，分享平台主要是降低了交易过程的搜寻成本、匹配成本和执行成本，为交易双方提供一个供需对接的高效率平台，从而利用网络分享服务，扩展市场范围、形成规模效应。这不仅实现了资源整合，也深化了市场分工（Dervojeda & Verzijl，2013；向国成和李真子，2016）。Benkler（2004）曾经将闲置资源的二手市场与分享网络交易进行对比，发现分享平台的效率明显地占优，这揭示出分享经济通过信息技术将市场距离归零、降低交易成本的逻辑本质。

　　由于交易的本质是产权转换，这意味着产权逻辑是深入理解 APP 分享经济的关键钥匙。最初，Lovelock 和 Gummesson（2004）关注到所有权与使用权分离以及闲置资源再配置的帕累托改进效应，Lawson（2010）据此认为：分享经济的消费方（使用方）可以摆脱永久所有权的束缚，成为瞬时消费主义者，进入 Belk（2014）所谓的"后所有权时代"：出现"我的是你的，你的亦是我的"（Botsman & Rogers，2010）新产权观念。实际上，两权分离并非分享经济的创新，中国的改革就起始于两权分离的家庭联产承包责任制。由于收费的分配权直接界定着分享经济的产权边界，真正值得我们关注的应该是为什么分享经济中免费的产权接入、使用和交易甚至对消费者的补偿能够存在，却没有同时陷入产权外部性导致的市场失灵困境。

　　按照传统的产权外部性理论，产权外部性的产权模糊产生逆向选择和道德风险行为，这使得私人成本收益与社会成本收益不一致，从而导致市场失灵。然而，在分享经济模式中，由于新信息技术节约了交易成本，市场扩展的规模效应和"长尾效应"（克里斯·安德森，2012）等所产生的巨大利润，使得产权外部性不像传统理论所揭示的市场失灵，而是市场有效。这种产权外部性的市场有效逻辑在于，一是分享经济中软件商、平台商与产品供给商作为统一供给方，呈现出的一种产权动态均衡原理；二是用户资本化主导权收买原理。

作为供给方的产权动态均衡，其内在机制在于 APP 博弈中供给方的产业内一体化与分化之间的激励权衡。这里，本章先将任意分享经济系统分解成三个基本的纵向功能性模块：软件服务模块、平台服务模块、用户（包含生产者与消费者）交易模块。[①]此时，与用户选择行为相关的收费策略，在这三个模块的相互接续与使用过程中，则表现为消费者与软件商、平台商、产品生产者之间的三阶段博弈互动关系，进而将供给方产权的收费外部性难题，归结以下三个依次递进的问题。

(1) 作为供给方的软件商、平台商和产品生产者是否一体化；

(2) 谁来主导一体化、制订规则，并掌控收费及分配权；

(3) 在接入、使用、交易哪一个或几个环节免费与收费。

如果我们将基于网络的信息服务看成新技术下的产业内分工，这种分工既可以在企业内组织（即纵向一体化），也可以在企业间进行；在企业间组织，又可以分为契约约束的市场组织（即契约一体化）和无契约约束的市场交易。关于这种一体化的经济理论，一是企业组织的制度安排，二是契约协调的制度安排。纵向一体化与分化问题的理论渊源可以追溯到科斯（Coase, 1937）从交易成本角度对企业性质与企业边界的研究，威廉姆森（Williamson, 1975, 1985, 1996）从有限理性、机会主义和资产专用性深入研究了交易成本产生的原因，

---

① 这里的三个模块划分不是唯一的，只是一种理论分析的简单处理，但不影响随后逻辑的严谨性。

以及企业一体化与企业治理、企业边界问题。

国外不少学者（Grossman & Hart, 1986；Hart & Moor, 1988；Hart, 1995；Grossman & Helpman, 2002）研究了当契约不完全、资产具有高度专用性时，如何通过市场契约与企业组织的选择来有效安排剩余控制权问题，这被视为威廉姆森思想的正式版本。研究纵向一体化与分化，除了交易成本视角，还有规模经济和企业能力视角。Stigler（1951）提出了纵向产业组织关系的市场容量假说，并认为市场容量与规模经济会对纵向产业组织关系产生重要影响，弥补了交易成本理论忽视生产成本的问题。自 Penrose（1959）以来的企业能力理论，强调企业能力差异对生产成本的影响，这对自己生产还是市场购买具有决定性影响（Richardson，1972；Winter，1982；Kogut & Zander，1992），普哈拉和哈默尔（Prahalad & Hamel，1990）则强调不断获取核心能力是决定企业自己生产还是外购，即纵向一体化与纵向分化的重要原因。

基于杨小凯和黄有光（Yang & Ng，1995）间接定价理论，向国成和韩绍凤（2007）把交易成本、规模经济与企业能力归纳为交易成本与专业化经济两个视角，并把交易风险从交易成本中分离出来，演化出自给自足、无合同市场组织、有合同市场组织（契约一体化）、最终产品生产者享有剩余权利的企业组织（企业一体化）和中间产品享有剩余权利的企业组织（企业一体化）等五种基本组织形式，建立了纵向一体化与分化的统一框架。显然，分享经济的复杂性在于它是上述基本组织形式的复合体。

关于谁主导一体化的问题，杨小凯和黄有光（Yang & Ng，1995）认为要对生产最终产品的劳动交易效率与生产中间产品的劳动交易效率的进行比较，如果最终产品生产的劳动交易效率低，则最终产品生产者享有剩余权利，主导一体化；如果中间产品生产者的劳动交易效率低，则中间产品生产者享有剩余权利，主导一体化。剩余权利成为间接定价企业家才能的工具。分享经济中的软件商、平台商、产品供给商可能本身都是独立的企业，作为独立企业的所有者享有剩余权利，但是一旦进入新的一体化过程，他们又面临着新的剩余权利划分问题。这就形成子产权群和复杂的产权网。

至于在接入、使用、交易哪一个或几个环节免费与收费的问题，本质上还是产权清晰或者产权模糊，哪一个更为经济合算的问题。杨小凯和威尔斯（Yang and Wills，1990）认为，把产权界定清晰可以减少机会主义行为带来的内生交易费用，但是界定产权本身要花费成本，如果界定产权的这种外生交易成本大于把产权界定清晰所节省的内生交易费用，则产权界定不清晰，让产权模糊是合理的。

实际上，在把 APP 分为软件接入、信息使用、产品交易三个环节中，免费或部分免费接入和使用 APP 就广泛存在产权不清晰。由于接入 APP 对于使用者是不是有用、有多大的用，使用者并不能确定，这样必将影响 APP 的市场扩展与"流量"；再者，使用者接入之后，是不是获取了信息、信息是否对其有用、有多大用，APP 的所有者也不能确定。因此，要在 APP 接入和信息获取环节收费，就必须投入更多资源来界定产权，这被称之为界定和行使产权的外生交易成本。此时，免费使用又会出现机会主义行为带来协调失灵，即被称之为界定和行使产权的内生交易成本。正是这种节省界定产权的外生交易成本与节省产权界定不清引起了内生交易成本之间两难冲突的折中决定了产权清晰程度。也就是说，如果不界定 APP 接入与获取信息的产权所节省的交易成本大于这种不界定产权所产生的内生交易成本，则免费接入和获取信息是合理的。

但是，由于 APP 使用者最终目的并不在于获取信息本身，而是要落实到所需要的产品上来，一旦进入到实际交易环节，就可以低成本、清晰界定产权，从而克服外部性，减少机会主义行为带来的损失。因此，APP 的所有者往往不在接入和获取信息环节收费，而在最后的商品买卖环节收费。这种收费界定产权的模式，既有利于扩展供求双方更自由选择、更自由供给、更个性定制的广度与深度，发挥规模效应与多样化经济效应，又不至于出现过度外部性问题而导致市场失灵。

综上所述，从交易行为观察，分享经济中产权的界定和构成呈现一种动态特征，这使得基于动态博弈的均衡界定成为产权边界动态化的核心概念；从市场过程观察，由于产权的交换、使用和维护复杂化，形成一个动态的子产权群和产权网。如何解析这种产权动态界定与动态扩张的内在逻辑，这要求我们要深入 APP 营运的三阶段动态博弈，通过用户资本化的概念，以产权界定的使用成本与收费分配为核心展开分析。

4.2　基本模型

基于上述三个模块的划分，本专著将整个 APP 营运系统抽象为一个三阶段的动态博弈过程：第一阶段，APP 软件开发并上线、用户选择下载；第二阶段，平台商提供服务、用户选择使用；第三阶段，潜在供给商提供服务、用户选择成交。

如果三个阶段始终如一地完成，交易达成一方面获得了网络经济的直接效益，也同时实现了社会资源的整合与利用。如果用户在任意阶段选择退出，则意味着博弈结束，没有网络经济的分享剩余。

按照市场交易的逻辑惯例，本专著将参与人简化为供给方和使用方，供给方有三个身份：软件商、平台商和供给商，使用方为消费用户。

具体地，供给方行为按照软件服务、平台服务和供给服务三阶段顺次提供，每一阶段有收费 y_i 和不收费 f_i 两种策略选择（ $i=1,2,3$ ）；对于软件商提供的 APP 软件，用户有下载 x、不下载 b 两个策略；接着，对于平台商的服务，用户有使用 s、不使用两个策略 b ；最后，对于供给商（闲置资源拥有者可以是生产者、也可是消费者）服务，用户有成交 t、不交易 b 两个策略。显然，只要用户最终成交，由于关键环节收费权决定着博弈关系的支配权，由此，博弈的动态均衡将围绕关键环节的收费权为核心展开。

具体地，本专著记 $y=y_1+y_2+y_3$ 为供给方的收费总收益，记供给方在三个阶段软件开发、平台维护及交易直接生产成本之和为 $c=c_1+c_2+c_3$；由此，本专著将三个收费点的三种身份看成统一的供给方，对于不同决策点的收费预先假设按照内部协议来分享收费收益。于是，在每一个博弈决策路径的终点，供给方总收益为 $y-c$（y 取决于结束的阶段点）；用户方总收益为 $u-y$，其中 u 为用户扣除交易的直接购买成本后的消费效用。

从用户的行为策略来观察，如果用户在第一、第二阶段选择退出，或者进入第三阶段不交易的用户，那么用户下载、使用的收益为 0，且没有交易收益；即使供给方此时不收费，对应的行为选择也是用户的严格劣策略、可以剔除。在三阶段成交的 8 个端点中，无论供给方在第三阶段收费如何彼此不同，选择一次性收费结束的用户，收益一定大于两次与三次收费的策略选择，也即选择两次和三次收费也是用户的严格劣策略，可以剔除；于是，纳什均衡的路径策略只能在如图 4.1 所示四个眼睛的端点之中。

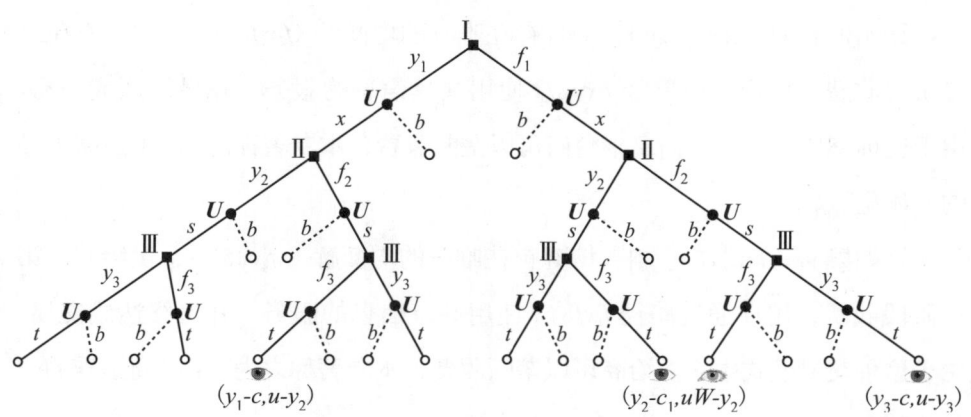

图4.1　三阶段博弈树

观察供给方的对应最优反映策略。首先，在用户四个成交路径 $y_1xf_2sf_3t$、$f_1xy_2sf_3t$、$f_1xf_2sy_3t$ 及 $f_1xf_2sf_3t$ 中，对于用户最好的是 $f_1xf_2sf_3t$，即用户完全免费地使用网络服务；但这显然是供给方的劣策略，也可以排除。

接下来，对应于 $(y_1f_2f_3, xst)$、$(f_1y_2f_3, xst)$、$(f_1f_2y_3, xst)$ 的收益分别为 $(y_1-c, u-y_1)$、$(y_2-c, u-y_2)$ 及 $(y_3-c, u-y_3)$。由纳什均衡定义，本专著可以得出以下三类均衡的相关结论。

（1）当 $u < \min\{y_1, y_2, y_3\}$ 时，用户一定会在任意阶段选择退出。这意味着当消费者交易的收益低于任何一次收益标准时，消费者将不会参与 APP 的分享经济过程；为无交易状态。

（2）当 $u \geqslant \min\{y_1, y_2, y_3\}$ 时，双方纯策略纳什均衡状态将按照最低收费的路径成交，均衡的解由 $\min\{y_1, y_2, y_3\}$ 的位置确定。而博弈均衡将呈现出某种不完全分工的一体化状态，本专著分别讨论如下。

①如果 $y_1 = \min\{y_1, y_2, y_3\}$，博弈存在唯一的均衡解 $(y_1f_2f_3, xst)$，供给方在第一阶段收费，用户通过路径 $y_1xf_2sf_3t$ 使用共享信息的服务，并最终达成交易。在这种交易模式中，由于软件开发商的可以垄断收费，本专著可称之为"软件商主导的一体化"解。

②如果 $y_2 = \min\{y_1, y_2, y_3\}$，博弈存在唯一的均衡解 $(f_1y_2f_3, xst)$，供给方在第二阶段收费，用户通过路径 $f_1xy_2sf_3t$ 使用共享信息的服务，并最终达成交易。由于这种交易模式中，信息平台商可以垄断收费，本专著称之为"平台商主导的一体化"解。

③如果 $y_3 = \min\{y_1, y_2, y_3\}$，博弈存在唯一的均衡解 $(f_1f_2y_3, xst)$，供给方在第三阶段收费，用户通过路径 $f_1xf_2sy_3t$ 使用共享信息的服务，并最终达成交易。由于这种交易模式中，供给商可以垄断收费，本专著称之为"供给商主导的一体化"解。

④如果 $y_1 = y_2 = y_3$，首先，博弈存在三个纯策略路径纳什均衡，这是上述三个解的重复。其次，博弈存在关于这三个纯策略任意混合的纳什均衡；现实中，这种混合策略的纳什均衡使得供给方的三个身份内在的合成为博弈的供给方，对应的一体化方法则是三方任意的平等契约结果；为此，本专著称之为

"三方平等契约的一体化"解。

（3）如果 $\min\{y_1, y_2, y_3\}$ 存在两个最小值，博弈存在关于两个纯策略任意混合的纳什均衡；这使得供给方内部分工形成共同投资一体化的联合垄断方，另一方成为契约的代理人，具体讨论如下。

①如果 $y_1 = y_2 < y_3$，博弈存在 $y_1 x f_2 s f_3 t$ 与 $f_1 x y_2 s f_3 t$ 路径的混合策略均衡，这意味着软件商与平台商存在着任意平等的契约联盟，拥有独立的分工地位，并垄断与供给商代理收费的分配权；而供给商收益只能通过与前两者的契约关系实现。本专著称之为"软件商－平台商联合主导的一体化"解。

②如果 $y_2 = y_3 < y_1$，y_2 与 y_3 的混合策略意味着在平台商与供给商之间具有任意平等契约的联盟，具有独立的分工地位，本专著可称之为"平台商－供给商主导的一体化"解。

③如果 $y_3 = y_1 < y_2$，y_3 与 y_1 的混合策略意味着软件商与供给商之间具有任意平等契约的联盟，具有独立的分工地位，本专著称之为"软件商－供给商联合主导的一体化"解。

上述所有的纯策略均衡与混合策略均衡，只是理论的逻辑可能，而非现实的必然呈现。以下，本专著讨论现实中为什么会呈现一种"供给商主导一体化"的均衡解。

4.3　产权动态化与 APP 产权界定均衡

面对众多可能的均衡解，以"供给商主导一体化解"的产权边界及其博弈均衡为例，分享经济是如何通过将产权的动态变化，例如在一定条件下弱化软件下载权、信息使用权而保留产品交易收费权，以形成适应某种 APP 模式的最优产权机制。

由于供给方最优策略必须考虑第三阶段的交易收益，这意味着产权界定权的子博弈完美均衡解将仅仅存在于三个博弈路径之中（如图 4.2 所示）。此时，三个路径相关决策点的不确定信息要求我们必须尊重两个客观规律：一是用户选择决定权原则。如果用户在尚未使用 APP 前无法确定软件下载的使用价值、或在尚未交易之前无法确定软件使用的交易价值，供给方就无法在第一和第二阶段收费，即最终选择权为用户决定。二是 APP 信息平台的代理成本原理。

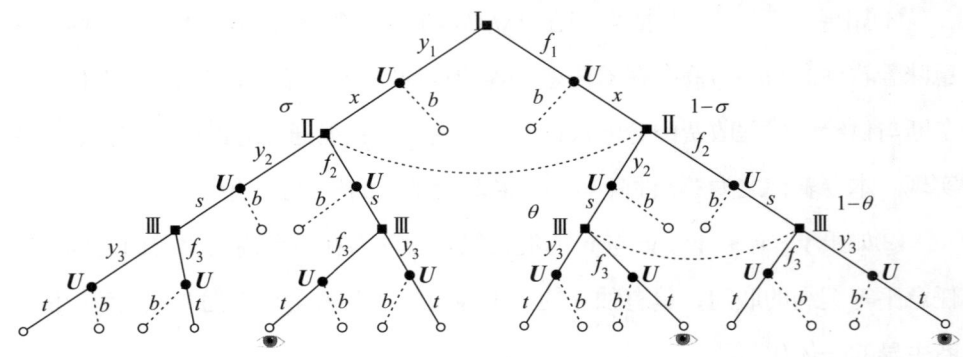

图4.2 三阶段博弈均衡

首先，为什么供给方要进行三位一体化，按照 Grossman 和 Hart（1986）及 Hart 和 Moore（1988）的一体化专用投资的产权界定模型（Property-Rights Theory 或 PRT），考虑一体化产权决策行为 $\max_{c,i,e}\{T(y;c_1,c_2,c)-c_1(i)-c_2(e)-i-e-c\}$，那么，三阶段对应最优产权决策为 $T'(c)=1$，$c_1'(c)=1$，$c_2'(e)=1$，其中，i、e 与 c 为供给方在软件开发、平台维护以及产品供给三阶段的产权投资，此时，T'、c_1' 与 c_2' 为三阶段对应的边际投资成本。

相反，如果供给方在三阶段是非一体化的独立投资行为，基于最简单的纳什讨价还价平等解计算，各自对应的最优投资决策应分别为：

$$\max_c\{\alpha T(c;y,v_1,v_2)-c\},\min_i\{-\beta c_2(i)-i\}$$
$$\min_e\{-\gamma c_3(e)-e\}$$

其中，$\alpha+\beta+\gamma=1$，[①] 对应的最优解分别为：$T'=1/\alpha$，$c_2'=1/\beta$，$c_3'=1/\gamma$，大大超

----

① 文中 $\alpha+\beta+\gamma=1$ 意味着软件商、平台商和供给商三方按照纳什解的 $\alpha:\beta:\gamma$ 比例分享收益。

过了一体化投资的决策；这意味着在任意 APP 营运系统中，供给方一体化是一种占优策略。

　　其次，该一体化的控制权应该让渡给哪一阶段的要素投资主体？本专著聚焦三阶段用户人数与收费值之间的减函数逻辑关系。

　　如果记在三阶段 APP 分享模式中，每一阶段的用户总人数分别为 $M(y_1)$、$N(y_2)$ 以及 $L(y_3)$，由于在每一阶段收费越高，对应的用户下载、使用与成交的人数就越少；即每一阶段用户的人数分别为对应收费的减函数。容易理解，有 $dM/dy_1 \leqslant 0$、$dN/dy_2 \leqslant 0$ 与 $dL/dy_3 \leqslant 0$ 以及 $0 \leqslant L \leqslant N \leqslant M$。此时，软件商、平台商和供给商之间的投资要素控制权，主要由到达第三阶段的最终成交用户的概率及其期望收益的最优规划决定：

$$\max_{y_1+y_2+y_3>0}\left\{\left[u \cdot \left(\frac{L}{N}\right) - (y_1 + y_2 + y_3)\right] \cdot \left(\frac{N}{M}\right)\right\}$$

　　由简单计算可得：$y_1 = y_2 = 0$ 及 $y_3 > 0$，即供给商的要素控制权最重要；这说明了 APP 模式中用户选择的决定权原理，也证明了以终端服务的供给商为核心的产权一体化，将是 APP 产权均衡的唯一选择。

　　为了进一步解析 APP 分享平台规避代理成本的原理，本专著假设三条路径的两处信息集的不确定性概率分别为 σ 及 θ（如图4.2所示）。如果是传统经济的博弈模式，σ 意味着平台商在第二阶段两个均衡路径 $y_1xf_2sf_3t$ 与 $f_1xy_2sf_3t$ 的选择时，无法准确知道软件商是否已经收费，即没有收费的概率为 $1-\sigma$；而 θ 则意味着供给商在第三阶段两个均衡路径 $f_1xy_2sf_3t$ 与 $f_1xf_2sy_3t$ 的选择时，无法准确知道平台商是否已经收费，即没有收费的概率为 $1-\theta$。这里，σ 及 θ 是传统经济博弈出现混合策略均衡的主要原因，也是"软件商－平台商联合主导一体化"与"平台商－供给商联合主导一体化"两个解的基本逻辑。

　　形象地讲，这好比传统交易中一个信息中间商将客户介绍给潜在的商家，但商家不知道客户是否已经给信息中间商支付中介服务费。如果没有，则需自己支付，此时，中介服务费必须低于自己收益的剩余值；否则，这个潜在商家和客户都有动机在此后重复博弈中绕过中间商去直接交易，即传统经济模式中的代理成本及其信息服务的"柠檬市场"问题。然而，在 APP 经济的委托代理关系中，由于 APP 技术的信息平台使得分享经济最终交易是基于平台实施的，供给方三者中都不可能在不让另外两方知情下，独立地完成信息服务和使用。这好比客户、中介服务商与潜在商家等三方眼睛耳朵彼此相通、但身体主体却不同；于是，基于共同利益和用户决定权，以"供给商主导的一体化解"便是三方的最优选择和唯一稳定的均衡结果。

产权动态化说明，在第一、第二阶段的免费下载和使用信息，并不是最终放弃它的产权及其收益，不过是在综合权衡之后，确定在哪一个阶段收费更加合算。节省界定产权的外生交易成本与节省产权界定不清引起内生交易成本之间两难冲突的折中决定了产权清晰程度，决定了在哪个环节收费。

4.4 用户资本化与 APP 产权扩张

本质上，分享经济中软件平台商的出现是互联网条件下的分工发展，通过互联网扩展了市场范围，极大地缓解了亚当·斯密关于劳动分工局限于市场范围的难题。市场范围的扩展，必然使得网络平台的产权价值得以大幅度提高。换句话说，分享经济促使 APP 产权动态变化，衍生出一种具有用户资本化的产权性质：通过网络效应使得用户成为 APP 总体产权的一部分，进而形成 APP 产权具有对用户数量的依赖性。

进一步，这又涉及闲置资源与潜在需求这两大因素的数量、匹配度及其市场范围的分析。这种性质在传统经济中也存在，只是没有表现得像现在这么充分。例如，出租一个门店，地理位置是影响其租金的重要因素，这本质上就是一个潜在用户流量问题。由于表现不充分，用户资本化作为一个重要概念出现的时机还不成熟，而今天则需要用户资本化概念才能解释网络平台的产权扩张及网络外部性。

闲置资源的再资本化(如闲置房屋、汽车的租赁市场)是分享经济的重要论题，甚至把经济剩余视为理解分享经济的一把钥匙(马化腾，2016)。理论上，这是在不改变资源条件下(如已经存在房屋与汽车总量)，通过分工与组织结构的改变(如平台商的出现)，更加充分地利用闲置资源或过剩产能，提高生产力，增加财富总量。

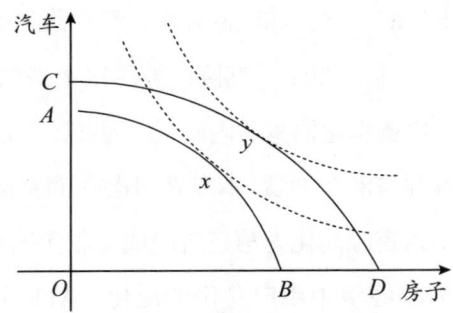

图4.3　分享经济对生产可能性边界的扩张

如图4.3所示，如果用传统的生产边界线表示，没有平台商的新服务出现，则不能充分利用闲置资源或者过剩产能，生产力水平和财富总量可能仅仅处于生产转换曲线 AxB 的 x 点状态；由于平台商改变了社会分工与组织结构，即使资源状态不变，但闲置资源或者过剩产能能够更加充分利用，使得生产力水平和财富总量达到生产转换曲线 CyD 的 y 点。进一步讲，分工水平越高，交换网络越大，市场容量和交易规模越大，报酬递增就越显著；反过来又进一步促进分工水平提高。

这就是说，分享经济产权的动态扩张主要取决于 APP 使用与交易的网络效应，它既包含供需双方的交易价值，也包含"用户"消费过程中形成的市场范围扩张价值，使得市场范围成为 APP 产权价值的一部分。本质上，这就是一种网络经济将用户资源逐步资本化为分享经济产权的过程，即所谓用户资本化的含义。

定义4.1 (用户资本化)分享经济的供给方能够将用户网络的市场范围扩展所带来的闲置资源与潜在消费的市场价值，逐步资本化为企业产权的价值。

在一般会计记账规范中，资本化被定义为：将因购建固定资产而专门借入的款项所发生的利息、折价或溢价的摊销。也就是说，所谓资本化的项目主要是指已经发生支出，再进行使固定资产达到预定可使用状态所需全部购建时，相关费用的资本计算。这意味着要从理论上计算用户资本化的价值，必须计算拥有用户所需要支付的成本，如软件开发、平台维护等成本，而它们均反映在相关用户的人数统计上；如此，直接计算用户量来估计 APP 服务的用户价值，客观地反映了用户资本化的本质内涵①。为此，有定义4.2。

定义4.2 (闲置资源与潜在消费)本专著将潜在消费简化为三个阶段用户人数之和 $M+N+L$，闲置资源简化为第三阶段成交收费的人数之和 $L+K$。

值得说明，鉴于分享经济中用户身份的泛化，APP 用户严格地讲应该包含第三阶段的交易双方。特别是第三阶段的供给商一方面是本次交易的供给方，同时，作为闲置资源的主体，也是分享平台信息、参与交易的"用户"。

具体地，APP 用户资本的子产权群价值主要由基于网络的两类用户价值决定，其一，潜在消费的用户价值，记为 $v_1(N, M, L)$：指在本次博弈用户为第 N 个下载者、第 M 个使用者与第 L 个消费交易者的情况下，网络效应的总价值；其二，闲置资源的用户价值，记为 $v_2(K, L)$：指终端交易用户的供应商为第 K 个生产交易者，其网络效应的总价值。这里，一般有 $K, N \geqslant M \geqslant L > 0$。注意，所谓的"用户价值"是指：$v_1(\cdot)$ 与 $v_2(\cdot)$ 的价值并没有计入博弈过程的三阶段收费中，而是存在于整个网络营运过程——只要网络运行着，网络价值就隐含地存在于网络体系之中，并可由软件商、平台商、供应商与用户共同拥

① 与传统经济学的成本概念一样，这里提出与会计定义不同的资本化概念，也具有恰当的理论内涵。现实经济生活中，这种用户数量的计算实例就是：门店选址中预期用户（流量）价值的逻辑。

有、分享和资本化。

容易理解，第一类网络价值 $v_1(\cdot)$ 是参与者人数 N, M, L 的增函数。

第二类网络价值 $v_2(\cdot)$ 又由两部分构成，第一部分与用户人数 K 和 L 成正比，第二部分则涉及本次交易供需双方的匹配状态——因为，本次交易效率将决定此后 APP 的使用率和接受度，当每一次交易的匹配度高、交易双方满意，APP 使用率和接受度将更高。显然，由于 APP 软件具有产品细分、市场分类和服务分层功能，传统经济学的市场匹配难题便被转化成 K 与 L 数值的简单对等逻辑，于是，可以简单定义 $K \approx L$ 或 $\tau = \dfrac{|K-L|}{\max\{K, L\}} \in [0,1]$ 来度量 $v_2(\cdot)$。

假设在标准情形下，用户每一次选择下载 APP 行为的资本化价值记为 b_1、每一次使用 APP 的价值为 b_2、每一次成交的价值为 b_3，而供给商（也是用户）每一次成交的资本化价值为 b，一个简化的计数比例法定义如下。

定义 4.3（用户资本化价值）用户资本化总价值为 $Z = v_1(\cdot) + v_2(\cdot)$，其中，$v_1(N, M, L) = b_1 M + b_2 N + b_3 L$、$v_2(K, L) = b \cdot (K+L)(1-\tau)$。

性质 4.4（用户资本化价值法则）在 APP 经济中，如果下载者越多、使用率越高、成交者越多，则网络效应的产权价值越大。

证明： 由定义 4.3 可知，$v_1(N+n) > v_1(N)$，$v_1(M+n) > v_1(M)$，$v_1(L+n) > v_1(L)$，在 $n=1$ 时成立；对于任意的自然数 n，由数学归纳法的简单推导，结论亦成立；这是用户资本化法则的第一部分。

对于第二部分，由 $v_2(K+n) > v_2(K)$ 可知，分享经济的产权具有由用户市场范围决定的经济性质；同理，有 $v_2(L+n) > v_2(L)$。至于匹配度越高，用户资本化的网络价值越大，可论证如下。

根据 $\tau = \dfrac{|K-L|}{\max\{K, L\}} \in [0,1]$ 可知，τ 为 K 与 L 差距的增函数。如果 $L \geqslant K$，那么，当 L（潜在消费用户数）为给定时，K（闲置资源用户数）越接近 L，则 τ（供需匹配度）越高；反之亦然。这意味着即使 $\partial^2 \tau / \partial L \partial K \geqslant 0$，但仍然有

$\partial \tau / \partial L \leqslant 0$ 与 $\partial \tau / \partial K \leqslant 0$，即 τ 分别独立地为 K 与 L 的减函数。

再由定义4.3可知，$v_2(\cdot)$ 是 τ 的减函数。

进一步，由于两次减函数的复合函数为增函数，于是，结论成立。[①]

性质4.5（用户资本化门槛法则）　仅当城市化水平、专业化程度以及基础设施水平达到了一定的程度，分享经济才能形成和发展。

证明：由于闲置资源与潜在消费的数量与匹配度决定了分享经济的存在性和稳定性，本质上，它们（M, N, L, K）又与城市化的人口密度 u_r、专业化水平 s_p 及基础设施发展度 g 密切相关。显然，对于特定时空、特定资源的交易双方，M 是城市化人口密度 u_r 的增函数；N 可以简化成 M 与 s_p 专业化水平的积函数 $N = s_p \cdot M (s_p \in (0, 1])$；$L$ 和 K 是 N 与基础设施发展度 g 的增函数，可以简化为 $L = s_p \cdot g \cdot M$，$K = s_p \cdot g \cdot G$（$G \geqslant M \geqslant 0$[②] 为总闲置资源）。由此，本专著接下来考察当供给方在固定投资 i, e, c 与投资成本 $c_1(i), c_2(e)$ 时，供给方总收益通过用户人数导致的对于 u_r、s_p 与 g 的依赖性。

一般而言，仅仅依靠收费 $y = y_3$ 收益，供给方将无法确保信息服务平台的固定投资 i, e, c 与投资成本 $c_1(i), c_2(e)$ 营运，但是，由于存在用户资本化价值 $v_1(\cdot)$ 与 $v_2(\cdot)$，则可能有：$T(y_3; v_1, v_2) \geqslant c_1(i) + c_2(e)$。这里，假设市场处于完全竞争状态，也即用户资本化的单位价值 b_1, b_2, b_3, b 是外生给定的，于是，供给

①　对于网络效应中的用户资本化法则，张永林（2014、2016）没有提出这一概念，但试图用信息元、信息池和时间复制等概念对相关现象进行解释。这是一种宏观管理学的演化思路，与基因池的概念对应，即将个体决策的约束集合看成一个等待的信息池，从中选择、进行最优化，并认为经济活动不再遵循一般均衡分析，这与其构建的动态合作博弈自相矛盾。本专著与其不同，基于经济学分析范式，明确提出用户资本化这一容易理解的概念来解释相关问题，并不否定一般均衡分析，而是突出均衡的动态性。

②　基于前述的一般化定义，为方便计算，这里的具体化仅仅意味着由于产能过剩，所导致闲置资源还没有被潜在消费充分利用；反过来的情形亦然，即文中的简化处理是可以理解的。

方进行投资的营运最优决策为：

$$\max_{u_r, s_p, g \geqslant 0} \left\{ T(y_3; v_1, v_2) \cdot (i+e) - (c_1+c_2) \cdot (M+N+L) - c \cdot K \right\}$$

其中，$T(y_3, v_1, v_2) = y_3 \cdot L + v_1 + v_2$ 是投资 $i+e$ 带来的，故营运总收益可简化为二者之积，同理，成本 $c_1(i) + c_2(e)$ 是用户数量 $N+M+L$ 造成的。

由一阶条件 $\partial L / \partial u_r = \partial L / \partial s_p = \partial L / \partial g = 0$。

解之，可直接得 M^*、s_p^* 与 g^*，它们均为用户资本化单位值 b_1, b_2, b_3, b，固定投资需求额 i, e, c 以及投资成本 $c_1(i), c_2(e)$ 的函数。

再由 $\partial M^* / \partial u_r \geqslant 0$，可知，$u_r \geqslant u_r^*$，$s_p \geqslant s_p^*$ 与 $g \geqslant g^*$ 便是在固定投资与投资成本的限制下，分享经济能够在特定时间、特定区域、特定资源的供需市场形成并发展的基本条件。

性质 4.5 表明，与市场范围、规模效应相关的城市化、专业化及基础设施等条件的发展水平，决定着分享经济的形成和发展，仅当三者发展到一定程度，分享经济才能把更多经济体和产业纳入分享体系，进而提高平均劳动生产率、扩大市场容量、促进劳动力跨部门转移和提高人均真实收入，并且，这种正向经济的网络回馈，又反过来进一步推动分享经济的发展。

考虑用户资本化后的收益，本专著记 $T(y_3, v_1, v_2, i, e)$ 为供给方的总产权值，c_1, c_2, c 仍然为供给方的软件开发成本、平台维护成本与实施交易生产成本；$U(u, y_3, \lambda) = u - y_3 + \lambda$ 为消费方的总收益，λ 为现实中用户成交后所获得的优惠补偿。本专著以"供给商主导一体化"解为例，解释现实中用户能获得成交补偿的机制与原理。

性质 4.6（用户资本化终端补偿法则）　在 APP 营运成交过程中，由于用户的资本化增值，终端用户获得补偿是可行的。

证明：由定义 4.3 可知，用户资本化将使供给方的产权值随着用户人数的增加而增值，为了吸引更多用户，这驱使供给方对终端用户给予补偿，同时，补偿的付出将减少资本的增值收益，即二者存在一个补偿的权衡。

假设供给方对终端用户给予平均每人次的补偿为 λ，则补偿后三个阶段的用户人数是 λ 的增函数，即有 $\partial L/\partial \lambda \geqslant \partial N/\partial \lambda \geqslant \partial M/\partial \lambda \geqslant 0$；那么，上述补偿机制意味着供给方的最优补偿必须在满足用户的参与约束下，最大化自己的收益[①]：

$$\max\left\{T\left(y_3;v_1,v_2\right)-\lambda L\right\}$$
$$S.T \begin{cases} U\left(\mathrm{u},y_3,\lambda\right)=u-y_3+\lambda \geqslant 0 \\ \gamma \geqslant 0 \end{cases}$$

根据 Kuhn-Tucker 定理，计算其拉格朗日函数可知 $\lambda^* > 0$ 及 $\partial L/\partial \lambda > 0$，便可以排除角点解和内点解，即一定存在边界解 λ^*；这意味着供给方存在唯一最优的决策 $\lambda^* > 0$。

简言之，由于 $I(v_1, v_2)$ 本质上是 λ 的增函数、$-\lambda L$ 是 λ 的减函数，二者之间一定存在着一个补偿的均衡值（如图 4.4 所示）。

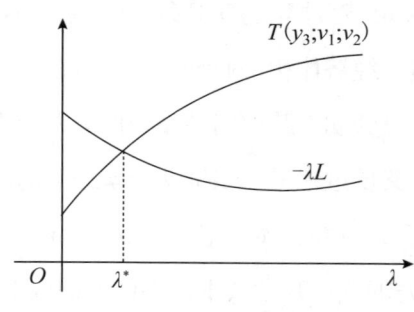

图 4.4　用户补偿权衡

在 APP 模式中，交易收益是实现整个 APP 经济效率的关键。无论对应交易是供给主导或者需求主导的，第三阶段的交易双方都是广义用户、共同决定着交易的运行效率，即用户资本化的产权概念在 APP 经济中占据重要地位。

一般而言，平台商将获取资本化价值，而用户将获取交易剩余值的收益。在现实中，资本化过程的常见方式是一种资本市场的投融资活动，通过以软

[①] 这里，省略了 i 与 e 的投资产权价值计算，因为它们与 λ 无关，不随着补偿标准的变化而变化。

件平台商联合为主的融资交易，就可以实现用户资本化的有效补偿。也就是说，市场中大多数 APP 模式并非都是以终端供给商为主的一体化(如阿里巴巴的 B2B)；上述资本市场的融资逻辑就说明，通过用户资本化的资本市场融资，软件商也可以通过终端用户补偿，将要素主导权收买，形成以软件平台商为主的一体化(如优步或者滴滴出行)，此逻辑对于绿色农产品市场也同样适用。

4.5 本章小结

本章针对社会上因分享经济中的免费现象而质疑外部性理论的状况，应用博弈论方法等解析了绿色农产品分享经济平台 APP 的市场有效逻辑。最终得到以下结论。

(1)基于 APP 软件下载、信息使用和产品交易三阶段博弈中用户人数与软件、信息和产品供应方在收费、闲置资源、潜在消费上的内在关系，得出三类七个动态均衡解、产权界定路径及其收费模式。

(2)产权动态化说明，在某一个或几个的免费，并不等于最终放弃它的产权及其收益，而是在综合权衡之后，确定在哪一个阶段收费更加合算。这在本质上是，节省界定产权的外生交易成本与节省产权界定不清引起内生交易成本之间两难冲突的折中决定了产权清晰程度，决定了在哪些环节免费、哪些环节收费。

(3)通过用户资本化的创新定义，证明了用户资本化的价值法则和门槛法则，给出了现实中用户补偿的基本逻辑。也正是用户资本化，使得产权动态化即使表现出某种程度的免费，仍然对其所有者具有经济意义。总之，分享经济中呈现出的免费现象，并不是市场失灵理论的失灵。正是分享经济的网络分工效应与基于用户资本化与产权动态化的外部性市场有效，使得新经济的生产者与消费者的角色转换更为灵活，能够极大地利用闲置资源、激发潜在消费，促进分享经济的发展。

第五章　分享经济平台推动绿色农产品市场信任机制建立

　　信任问题本身是一个典型的跨学科问题，理论界对信任的研究越来越呈现交叉融合的趋势。在经济学的基本分析框架中，社会学、心理学、伦理学、文化人类学的研究成果和研究方法不断被引入到经济学中，深化信任本身的形成机理和经济学理论（周文，2009）。目前，已有成果应用博弈论方法对绿色农产品市场的信任危机形成机理有较深入研究。然而，博弈论史表明，仅靠理论的逻辑一致性，无法有效地分析和预测人类社会中各种形式的冲突与合作。在理性和认知方面，博弈论预设主体是完全理性的，具有完全的数理逻辑演绎能力。在现实中，人们的行为并不是完全理性的，有时也是非理性的，数理逻辑推理也不是人类推理的主要部分。如何在博弈论模型中容纳有限理性和有限认知推理？这不仅是一个数学建模的问题，更是一个认识论的问题（任晓明和谷飙，2007）。

　　信任作为绿色农产品市场发展的关键前提条件，有待我们突破理性计算的局限性，从认知层面剖析绿色农产品市场的信任逻辑，以及分享经济对绿色农产品市场信任的影响机理。本章分析由以下四部分组成：第一部分剖析基于理性计算的信任行为研究的局限性；第二部分是信任逻辑分析范式转变：从理性计算到认知博弈；第三部分是分享经济下绿色农产品市场信任逻辑的认知博弈分析；最后是结论。

5.1 基于理性计算的信任行为研究的局限性

究竟人性偏好与社会信任的关系如何呢？这要反思能否将回馈看成可信任的变量、反思可信任与信任的关系。在二者关系上，Etzioni（1988）指出，可信任（trustworthiness）是基础性的，值得社会去最大限度地挖掘与发扬；但信任是从属性质的，并不包含伦理的道德因素，现实中很多人就缺乏社会信任，除了生存处境更糟糕之外，学者们却没有权利加以指责。Kant（2009）的阐述很耐人寻味："我倒愿意承认我们的大多数行为是遵循道德与责任感的，但如果更仔细考察我们的思想、愿望，几乎处处都会遇到亲爱的自私，并且还总是被放大；然而，正是自私、而非责任感的严厉命令才支撑着我们雄心勃勃的计划。一个人不必作为美德的敌人，但只要作为一个冷静的观察者，就会时常质疑真正的美德是否在这个世界上存在；这种冷静的观察不会将对善的最真实渴求与善的真实存在混淆起来"。信任逻辑的复杂性就是如此，我们切莫混淆信任的两个方面，将潜藏在可信任中的道德伦理用偏好分解的技术强加给信任，以至于使人觉得一个对他人、对社会缺乏信任感的人，似乎是某种道德伦理、合作意愿低下的劣等人，须得从这个世界上清除才好（向国成和邓明君，2018）。Binmore 和 Shaked（2010）早就担忧地询问实验经济学的这种做法：你们"下一步要做什么？"，原因即在于此。

与关注人性善恶的偏好研究不同，社会学家卢汉（Luhmann，2000）强调信任与社会环境的动态关系，人们是用"熟识的"去认知、拓展不熟识的生活世界。信任亦如此，存在着层次不同的范围差异，这意味着人们的信任关系与既往的生活认知、行为信念相关。Tullberg（2008）认为：由于信任是关于对方及潜在合作者的一种信念，表面上，其行为是个体的，但其本质既涉及个体以及群体或者组织的可信任性；后者，作为一种承担风险能力的社会评价，构成了塑造个体既往生活认知与行为信念的客观环境。一般地，熟识的、同质的生活环境使得个体认知的不确定性更小，使得"熟识的"小群体范围的人具有较高的抗风险能力，且具有比大社会更高的社会信任度。人们随后研究发现：在相同的文化、族群、种族，乃至宗教内部，人们之间的信任水平要比彼此不同的信任水平更高（Knack and Keefer，1995；Easterly and Levine，1997；Alesina et al.，1999；Alesina and Ferrara，2005）；除了风险损失因素之外，社会关系距离是能够影响信任水平的关键因素。

Glaeser 等（2000）对哈佛大学160个实验样本的研究，他们原本是探究不同信任水平测度的等价性，但却首次证实 GSS 问卷调查方法与信任博弈实验的两种方法之间存在差异性。对此，Holm 和 Danielsson（2005）观察到 Glaeser 等（2000）信任博弈实验中个体之间是面对面的，而 GSS 调查问卷测度的是广泛的虚拟对象，与 Berg 等（1995）、Camerer 等（2003）和 Cox（2004）实验中双方匿名的方法更为接近，由此认为：Glaeser 等（2000）的被试者"社会距离"（social distance）更近，得出的是一个"厚"的信任水平（thick trust），而虚拟对象的一系列实验是一个"薄"的信任水平（thin trust）。这种厚薄信任概念的划分，却间接地说明，被试者之间客观的"社会距离"关系应是信任逻辑内涵的关键性因素之一。Camerer 等（2003）当初认为"由于双向匿名的一次性信任博弈具有剔除博弈双方相互关系及社会因素等优点，得出的数据是一个纯粹信任水平"的观点，恰好忽视了信任水平对于主观认知过程的依赖，因为人们社会关系距离的远近不过是信任博弈中参与人进行社会认知、信息认知的形象表达。

用已知的去拓展未知世界的认知方法，从博弈论视角看则意味着认知、信念是支配行为决策的"前"社会意识，作为一种决策前的信念判断，人们一旦建立信任关系，彼此之间就处于一种特殊的位置，一种介乎于过去与未来之间的状态。一方面，此状态是对过去经历的"加总计算"，另一方面，此状态又包含着对未来收益的"预期计算";二者相加才共同构成当下博弈格局"外在"的认知信念。这种外在的信念变量不属于人们当下博弈得失的计较范围,它既不是信任实验简化的策略行为,也不是重复博弈简化的声誉、品牌等外生变量。

实际上,这是用理性逻辑去计算理性之外的道德、伦理、情感,必然遭遇逻辑矛盾。关注偏好与他人、社会关系的研究,本质上是要强调决策者心理、情感以及社会环境对"心理效用"驱动的影响,但由于强调行为的内生性,忽视了决策的外生变量,忽视了内外互动形成的博弈信念的决定性作用。此时,由生理口味与伦理价值观支撑的偏好逻辑,在社会行为过程中发挥着基础性的功能,但即使重要,却也无法替代最外在层次的直接作用。人们常说:人是怎么想,就怎么生活。经济学所计算的信任行为代价或成本,本质上并不是信任本身,信任只是一种社会关系状态,是支配着人们思维、决策及其行为的一种信念。实际上,社会偏好理论是通过策略分析来解释选择偏好如何影响交易双方认知过程形成后的互惠行为(Marwell and Ames,1979;Berg et al.,1995),而实验经济理论则强调重复性实验可清晰反映选择偏好不确定对认知过程、选择形成的必要性。简而言之,这些分析提醒我们关注个体偏好的认知过程及其决策逻辑。

一种真正的跨学科研究态度,要求我们不断地借鉴其他学科的成果,而不是盲目地运用理性逻辑去扩充经济学的理论边界。Hudík(2015)的两个实验研究表明,人的主观认知常常不能充分体现自己对于客观对象的偏好,理解人们行为决策的关键,在于理解决策者的主观认知,而不是观察者(设计并主持实验的学者)关于这些偏好的"客观"[①]描述——它们大多数都与决策者的行为无关。通过模拟博弈行为决策的心理过程,Dietrich 和 List(2012)给出了两种决策心理变化的逻辑,一是诱发偏好变化,二是导致认知改变,进而影响到博

----

① 由于这些关于实验者的偏好与认知的描述,往往来源实验的实证过程,而被认为是相当客观的。

弈决策及其均衡。

很多实验经济学研究者忽视了可信度本质在于实验对象的可控制性，自然科学可控性在于其对象类似于一个固体物件，能够被"抓住"；但社会科学对象的人及其行为更像水，如果你"不抓住它"就无法实验——无主题实验无意义，如果你紧紧"抓住它"，它却会从你的指缝中溜走——确定主题的实验往往无法反映主题的原意。而人类社会行为的关键点在于，决策过程只要或显或隐地包含着一种推理过程，那么行动的选择，可能的结果，结果的预期，自己与对方关于结果预期的信念，以及这种信念的信念……都会直接地影响人们的行为决策和选择。此时，这些信念不仅是博弈参与人内在的价值观、情感和心理等主观因素的体现，同时也是参与人主观认知博弈格局、社会环境。只要人们追问"如果你不信任我，我还会信任你吗"？就会发现，信任其实就是自己关于他人的信念、关于他人对自己信念的信念……，如此类推（Tullberg，2008）。

虽然，交易成本的现实含义十分清晰、声誉尊重的社会价值十分重要，但是，这些概念并没有深入揭示社会损失或收益的价值，没有解释这些损失收益是如何发生、形成的，其中，所遗漏的理论点正是关于损失收益认知、信念的逻辑——由于研究者关注点的差异，人们是用参与人的主观期望效用简化了人类认知过程中交流、判断的复杂性逻辑。

5.2　信任逻辑分析范式转变：从理性计算到认知博弈

如上节所述，理性选择理论存在局限性，在于以新古典经济学为基本分析框架的传统主流经济学始终将"认知"视为外生变量，并且坚持"偏好的内在一致性"原则，因而其有关个体选择的理性属性界定、概率法则和最大化法则等并不符合实际（何大安，2016）。因此，对于信任逻辑的深入研究，应转向关于行为认知的心理学、语言学逻辑。

5.2.1 "认知－信念"的行为认知理性

以新古典经济学为基本分析框架的传统主流经济学，由于始终将"认知"视为外生变量，并且坚持"偏好的内在一致性"原则，因而，无论有关个体选择的理性属性界定、概率法则及其最大化法则等逻辑，均为某种基本的人类行为描述，而与现实世界存在着一定的距离。阿莱和艾尔斯伯格曾先后提出"阿莱悖论"（Allais Paradox）和"艾尔斯伯格悖论"（Ellsberg Paradox），前者对"相同选择发生于等同概率"这一期望效用理论的经典论述进行了质疑和批评，后者则给出人们常常押注已知概率的风险性事件，而不是押注未知概率的模糊性事件，大部分个体都会采取有悖于期望效用理论的模糊性回避（ambiguity aversion）策略。此后，现代经济学开始关注选择行为对应的结果集及其概率分布的研究（Ellsberg，1961）。传统主流经济学关于"偏好的内在一致性"这一"给定约束"的不足，要求我们必须正视行为逻辑的"认知"空白，重视利他、互惠、社会性偏好及其对认知依赖的分析；这使得理性选择理论的"要素分析谱系"被进一步扩大。拓展"要素分析谱系"的研究考察，实际上是把"偏好"和"认知"作为内生变量看待和处理，较之于传统主流学派，现代经济学有关"偏好"的理解和分析，完全突破了"偏好的内在一致性"的束缚藩篱，即认为偏好是在利己、利他和认知等多因素共同作用下形成的，具有明显的多重性；并现实中，普遍表现为信息约束和认知约束。个体行为实际选择中存在利己偏好、利他偏好和思考认知的客观事实，驱动着经济学家在运用个体主义方法论的同时，试图不断扩大"个体行为"的分析边界。社会偏好理论就十分强调利他偏好对个体选择的影响，该理论通过博弈分析解释个体选择偏好如何影响或者作用于认知过程，以此解说个体选择过程中互惠行为的实际存在（Forsythe et al.，1994；Berg et al.，1995；Fehr et al.，1996）。个体行为之分析边界的扩大，不仅体现在对经济学个体主义方法论基本分析单元的重新选择上，更重要地是反映在对偏好、认知和效用的新解释上。

其实，针对个体主义方法论的质疑，包括关于经济人理性假设的质疑（Goldman，2004)，在不同学科里广泛存在(黄翔，2008)。最典型、也最具有理论价值的，是围绕社会学认知心理学家基切尔的最小化社会认知理论而产生的学术成果，其论点主要有两方面：第一类是批评经济模型能否有效地说明个人和群体之间的关系（Hands，1995）；第二类是试图论证认知过程中的某些重要的社会特征无法还原到个人因素中去（Mirowski，1996)，造成个人主义方法论过于狭隘（Hands，1997）。何大安（2014）认为：行为选择可看成是选择偏好的函数，在传统主流经济学中，不存在对选择偏好作用于认知过程的研究，而在非主流经济学中，认知过程会反复"折腾"选择者。在非主流经济学看来，从选择偏好到认知过程的形成，选择者一定要支付巨大的交易成本。作为理性决策中具有前后相继的阶段性特征的选择偏好和认知过程，我们要对其展开理论论证，首先必须有一个统一的行为理性主体假设。行为经济学通过把选择过程划分为"编辑整理和预期评价"两个阶段，揭示了特定情境下认知过程中的启发式效应、确定性效应（锚定）和框架依赖等社会行为现象，论证了不同于传统效用函数的多价值函数，这些价值函数不仅涉及效用期望调整问题，本质上就是对行为认知逻辑的揭示。

黄凯南和程臻宇（2008）关注个体理性的认知过程，试图通过追溯 Hayek（1967）、Hodgson（2002、2007）等人的演化理性框架，认为"个体不是基于完全演化理性或者毫无能动性的，心智或认知是个体行为的重要特征，经济学必须为个体心智留有余地"。由此进一步强调社会学家 Boudon（1998）的思路，重新定义"认知－信念－均衡"框架的认知理性概念，提出一种"在认知有限性和信息有限性的双重约束下，由个体内在认知过程与外在环境互动生成的，具有演化适应性的稳定认知模式"。尽管这种思路是西蒙有限理性与 Boudon 认知逻辑的一种简单结合；但是，通过对认知细化为包含偏好与信息的概念，试图在传统偏好、知识、约束和行为的个体主义方法论框架之中，将"认知－

信念－均衡"的行为逻辑统合起来。

5.2.2 信念与信任行为的框架效应

5.2.2.1 信念的概念

博弈论的发展是对其均衡解的概念不断完善和精炼的过程，而解的概念反映的是行为和信念的一致性。在不完全信息条件下，在决策时决策者不但要考虑自己的信息，还要考虑别人的信息，别人对自己信息的信息等高阶信念，此时如何定义信念一致性的问题长期困扰着学者(李军林，2016)。

英国哲学家罗素指出，信念一词"带有一种本身固有的和不可避免的意义上的模糊不清"。当代哲学中，信念被普遍地描绘为"命题态度"（propositional attitude），即个体认为某种情况属实的心理状态（Schwitzgebel，2006）。罗素在《人类的知识：范围和局限》（Russell and Slater1948）中认为，信念是身体、心理或者两者兼有的某一种状态。信念的种类包括：基于动物性推理，实现补足感觉的信念；记忆；预料；不经思考，凭证据得出的信念；基于有意识推理，获得的信念。基于 North（2005）论文中所用"信念"一词，Aoki（2009）指出"信念"一词可有如下几种含义：如贝叶斯决策理论中提到的那样，对可控行动(物质)结果的主观似然估计；博弈论中的"行为信念"，即一个博弈者对其他人行动和期望的(内生)期望(或推测)，或者是对社会博弈递归演进状态的预期；"文化信念"（cultural belief），或"信念体系"（belief system），即从过去特定行为人群继承的、常年积累的有关行动可能性和意义的常识；"价值"或"规范/道德信念"（normative /moral belief），即人们认为合法的行为或者人们坚信应该发生的事情，可具体到个人或群体；企业家的"直觉信念"（intuitive belief），即企业家对新的行动组合、新事物和新思想可能带来的物质结果（physical consequences）的直觉感知。

与传统博弈论相比，心理博弈论中信念概念无实质差别，基本以一个概率分布对待，不同的是心理博弈论将信念加入效用函数；其实主观概率和信念都可能依赖于个体决策的最终动机（姜树广和韦倩，2013）。

5.2.2.2　信念结构

个体信念可以由两种明确关联的方式构成。在语法学中，基本实体是表示物质宇宙的性质的命题；每一个行为人被赋予一种信念，这种信念表明他是否相信这些命题。这样的表达与普通的思考一样，但可以使一些难题变得易于处理。在语义学中，基本实体是可能世界，这个世界概括了某些情景下所有相关的自然和超自然特征。每一个行为人被赋予一个可达域，这个领域显示为一个给定的"真实"世界，这些世界是他无法辨别的。这样的表达更为抽象，但它赋予了信念一个易于处理的几何形式。此外，语法和语义之间存在着一座桥梁：每一个命题都可能有一个与之相关联的事件，这就如同可能世界里的一个子集，而这些可能世界的命题是真的；一个行为人会相信一个命题当且仅当与之相关联的事件存在于所有的世界之中，而这些世界必须接近真实世界。

个体信念独立存在于两个不同的框架之中。在命题框架内，一个给定的语法命题在一个全是或全非的基础上被信任；但在语义学里，相关的可达域是以集合理论来定义的。在概率框架内，一个语法观点在某种概率下被信任；而在语义学里，在每一个真实的世界中，一个概率发布被定义于所有的世界。第一种框架在逻辑学中很常见，而第二种框架在经济学和博弈论中最为常见。通常来说，如果概率是1，则一个语法观点会被信任，类似地，在语义学里，一个概率发布被其（支集）所替代。然而，概率框架（包含定量特征）不能被视为一个对命题框架（只包含定性特征）的简单改良。

语义学中定义了信念的一些性质，其中可能包括以下内容：自动分层信念，即关于他人信念的信念；逻辑全知，指一个行为人可以推断出其所信之物的所有后果，这相当于假设了行为人是没有计算局限的，这与有限理性相悖；真实，指一个行为人所相信的是正确的，这就引出了知识（假设是正确的）和信念(可能是错误的)的区别；积极反省，是指一个行为人相信他所相信的，这只是表达了人类想法的反身性，且其表达方式不强烈；消极反省，指一个行为人相信他所不相信的，这就假设了这个行为人知道所有可能的观点，就算在一个"小世界"中，这个假设也是很难成立的。所有这些性质在适当的框架中都有可能被削弱，特别是对逻辑全知(受限于能力的有限性)和消极反省(受限于意识的有限性)而言。

在语义学中，所有性质都可以被转化为可达域的性质(或者是一种相等的可达关系，这种关系连接一个世界与另一个世界，如果第二个世界是在第一个的可达域中)。当这些性质都被实现的时候，可达域便在可能世界的集合中形成了一个分隔。类似地，所有的性质都能扩展到一个概率框架中。很多应用研究都假设所有的行为人都被赋予了两种关于全局的信念结构：一种是与客观性质相关的公众信息的普通概率分布；另一种是描述主观私人信息的分隔可达域。

此外，语义学中还可能涉及混合了集合理论和概率水平(例如事件的分布或者概率的集合)的分层信念，特别是为了形式化一个关于客观"不确定性"的主观"模糊性"。

5.2.2.3 信任行为的框架效应

关于信任的个体测度，麻烦之处在于它们均指向一种信念(Butler，1991)，这要涉及四方面的理论问题：信任是人际关系的重要组成；信任是社会管理进步的本质要素；对于特定的个体而言，信任更多地与预期后果相关，而不是对于他人的一般态度；研究信任的一个有效方法不仅在于如何定义信任，还要深入地研究信任的条件。

至于社会领域里信任的具体度量，则被归纳为三个维度：私人性信任。指个体之间拥有某种直接生活关系的信任，比如，家庭成员、朋友、邻居或者同事之间的信任关系；纵向信任。即社会秩序、契约制度的信任维度；横向信任。即广义的信任，指一个普通老百姓面对与自己没有特殊关系的他人时，是否会给予恰当的信任（Butler，1991）。

根据行为主体的一般决策逻辑，影响信任行为有个体偏好、社会认知与信息认知三大因素。用博弈论的语言概括，就是这三个因素共同决定了博弈参与人关于博弈格局的信念、判断及其行为决策，具体的有参与人策略、支付（乃至博弈规则、行动顺序）等认知差异。值得指出，首先，由于偏好理论全面科学的包含了口味与价值观的内涵（口味体现人的物质需求，价值观反映人的精神倾向），这意味着它们共同决定了参与人关于可行集策略选择及其支付得失的关系及逻辑。其次，社会认知、信息认知的过程决定了博弈参与人的行为信念：即自己的选择策略、对方认为我的策略选择、我认为对方认为我的策略选择的信念的信念……，反之亦然，如此类推，进而决定了均衡的结果。

事实上，博弈信念包含以下三方面（Benz and Meier，2008）：个体信念是经济行为中对不确定风险的评估，对博弈中他人行为与信念的预期，以上两种信念本质上等同于主观概率测度；文化信念是用来支配群体成员相互之间或与其他群体交流的共有观念或思想（Greif，1994），经济学更多地是关心文化信念如何影响经济绩效和社会组织；直觉信念作为区别于慎思（逻辑、理性）的基本人类决策机制，在人际互动决策中扮演着重要的角色（Kuo and Yu，2009）。此时，由生理口味与伦理价值观这两方面支撑的传统偏好逻辑，在社会行为过程中发挥着基础性的功能，但是，这种基础性作用即使重要，却也无法替代最外在层次的直接作用——这正是理论创新的出发点。

如果说信任的形成源于一种本能的历史演化——就像小孩出生一张口就信任母亲的乳汁，不会怀疑其是否假冒伪劣或者是否营养欠缺一样，而不信任的信念往往是后天习得的；那么，究竟是什么引发了信任危机？答案是语言以及由此导致的不恰当的语境。特定的语言与语境规定了彼此对话与行为的前提和制度环境，而不恰当的语言和语境往往导致特定语境下的市场信任危机。作为一个特殊的均衡实例，近年来多次出现的"碰瓷"现象及其相关讨论，就说明个别事件是通过人的行为信念传播，最终导致信任的传染效应乃至信任体系的崩溃(王永钦等，2014)，其关键，在于形成信念的语境及其框架效应。

为什么社会认知和信息认知对于信任的影响，主要被转化称为博弈过程中参与人的信念？心理学的框架效应启示我们：社会行为后果很重要，但在社会行为中，人们"怎么说"而非"说什么"决定了人际交流的认知与判断，并通过偏好和信念影响着人们的决策行为(Ellingsen et al.，2012)。在一个突破性的创新性实验中，Deutsch (1958)研究了框架效应的概念及其与信念体系和信任行为的关系，结论表明：社会框架会影响人们的信念意识，但却不会进入人们的偏好。的确，社会标签会激发人们的合作愿望，社会框架就是一种合作的制度设置，与在一个"市场交易"的研究比较，人们在"社会交换"中更具有合作倾向，更易于摆脱囚徒困境(Batson and Moran，1999)；比如，人们在"社区博弈"中就比"街头博弈"更具有合作性(Kay and Ross，2003；Liberman et al.，2004)。实际上，这里的不同博弈名称就暗示了影响人们信念、信任关系的两个关键变量：风险损失与社会距离，因为社会比市场的风险损失更小、而社区比街头的社会距离更近。信任的类似框架效应(framing effect)(Abbink and Hennig-Schmidt，2006)，是通过事件发生的语境体现出来。

如果说人类在许多方面有非理性的特征，框架效应就是最引人注目的例子。由于不同的表达导致不同的结果，框架效应告诉我们：在人际沟通中，关键不在于说什么，而在于怎么说。一方面，Tversky 和 Kahneman (1981)借助"亚洲疾病效应"向人们显示了决策者的风险偏爱依赖于选项被如何描述，换句话说，人们社会行为是依赖于"语言表达"的，语言本身就是行为。另一方面，个体行为的社会认知对于信任的作用主要又细分为文化和制度两种范式的信任研究，而实验经济学的研究为此贡献了两方面有价值的理论洞见：①文化制度含义的表达——语言的意义；②框架效应的基本形式——语词的意义。框架效应理论强调，"权当"取向或者过程取向的解释框架中，特别重视前面两个框架(理性范式和制度文化范式)中应该得到重视和强调的对未来不确定性的"悬置"(Wright，2006)。

国内关注认知博弈的董高伟(2012)认为，认知博弈的本质在于交流主体之间的信息交互，这种信息交互的目的在于彼此的信念修正，以便于达成公共信念。这里，认知是信息加工的过程，人们的认知依赖于信息的交互作用，而信息的本质是语用性质的语义概念。信息认知的过程要求博弈参与人理解博弈情境的含义；由于当且仅当信念一致时，博弈均衡的概念才具有学术合法性。因此，博弈均衡的首要条件是博弈情境的语境与语义一致性。将信任置于博弈情境来分析，最有价值的理论成果是关于信任崩溃与重建的机理研究。而博弈语境的重要性在于语境起源于个体偏好(口味／价值观)，受到参与人关于社会认知、信息认知的影响，进而决定着博弈均衡的解概念。

5.2.3　基于信念的相关均衡

由于信任行为受到个体能力制约，可信任行为受到能力与责任(伦理)双重因素的制约，依据信任的两种成分、相关影响因素和框架效应理论，本专著构建了如下信任行为的认知分析逻辑图示，如图5.1所示。

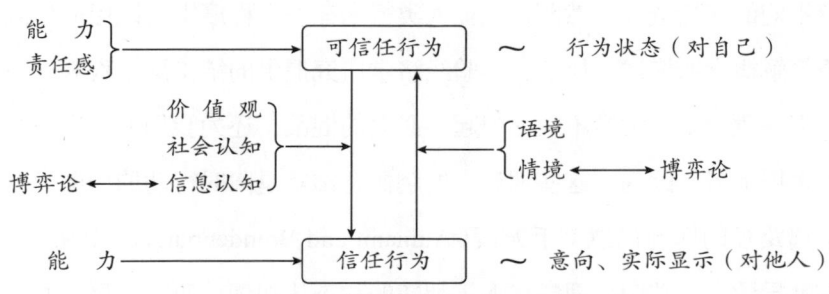

图5.1　信任行为的认知分析图

一方面，我们以此区分，给出信任行为在认知层面的一种划分，另一方面，我们可以从中观察信任行为与认知结构的关系，并由此展现相关研究深入发展的方向与思路。在图5.1中，第一，我们必须理清楚：价值观、社会认知与信息认知是如何相互作用，以及它们与人们日常语境的关系、即语言表达的语用机制又是如何从这三方面影响我们的决策和行为，这是未来研究信任行为需要回答的问题。第二，能力与责任感对于信任行为的影响，这里相关的研究，已经在上节的相关文献中给出必要的阐述；但需要指出的是，在本专著的框架性理论图示中，可以清晰地看出：可信任行为与信任行为存在着何种内在的差异。第三，从价值观、社会认知、信息认知到社会语境之间，信任行为究竟是如何在特定的社会情境下，获得博弈论逻辑的恰当均衡，这涉及博弈行为的解概念及其均衡的理论含义。以下，我们仅就第三点给出一些概念性的初步探讨。

在传统博弈逻辑中，任意博弈格局都可以定义三个基本的解概念：理性解、纳什均衡解和相关均衡解，它们与认知信念的等级结构形成了对应关系。Bernheim（1984）与 Pearce（1984）独立发展出可理性化的概念，意在为不存在理性解的博弈格局给出可定义的逻辑框架，这与人们关于理性的共同信念实际上是等价的。在博弈论语境的行为决策过程中，一个假设往往就意味着行为者将按照这个假设的思路决策，一个信念则可以根据博弈格局的不同而变动，或者具有不同的均衡选择。然而，究竟人类行为在多大程度上可以用纳什混合策略均衡等解概念所描述，目前，实验经济学研究提供的结论除了直观、适合教学外，但在逻辑上，常常不仅会引起不必要的混乱，还为我们展示出一个更为模糊的发展前景；因为，这些理论上的解概念常常是同时行动的均衡，对于动态、偏离路径的均衡仍然束手无策（Aumann and Brandenburger，1995）。一方面，这就导致人们转向心理学、人工智能的动态认知理论研究。另一方面，这为认知博弈理论的出现提供了一个历史机遇。认知博弈的一个最突出的贡献是（Brandenburger，2014）它为已建立的博弈论的解概念，如可理性化解、纳什均衡解、重复剔除被占优弱策略及其相关均衡的解概念，提供了一个坚实、统一的认知基础。

作为一种完美、智慧且紧凑的解概念，纳什均衡是"基于"对博弈结构（支付函数集）、参与人理性及其真实行为策略具有共同知识的结果（Lewis，1969），此处"基于"本身蕴含着：在一个信念互动的体系下，纳什均衡等价于一个参与人关于博弈格局的一致性信念（Aumann and Brandenburger，1995）。为了揭示这种认知信念与行为均衡的关系，Brandenburger（2014）通过语言、信念的逻辑构建，给出了"认知信念－策略决策－行为均衡"的认知博弈理论框架，证明了纳什均衡的认知条件只是最弱的要求，当然也应是人类行为最基本的规律描述。比如，纯策略纳什均衡的认知条件是理性与理性的共同信念 (RCBR)（Aumann and Brandenburger，1995；Battigalli and Siniscalchi，2002）：参与人是理性的，且大家都坚信彼此是理性的。认知博弈与传统概念的关系：理性与理性的共同信念。首先，就排除了被占优策略（可以运用重复剔除劣策略方法）；其次，认知博弈的基础性定理是共同信念的认知条件；其三，是相关均衡的概念，特别在三人以上中博弈——只要博弈存在相关利益，此时相关均衡的集合要大大小于非被占优策略的均衡集合——算是一个均衡精练的思路。

人的理性概念一旦在认知博弈框架下得以定义，我们将看到，不仅纳什均衡概念是简单的直接结果，更多的概念将随之而来，并容纳更多的博弈概念，而成为一个逻辑一致的完整体系。考虑到理性以及多人博弈关于理性的信念时，我们需要具有所言的均衡不变性和可行性策略（弱占优）的概念，这给出基于条件概率为零的信念判断的定义，其相应解概念为词典序的概率系统，与 Anscombe 和 Aumann（1963）提出的期望收益的公理化体系一致。

一个纳什均衡与其说是参与人行为的策略选择，倒不如说是参与人对于自己及其他人行为选择的信念组合（Aumann and Brandenburger，1995）。在贝叶斯均衡概念中，一个类型是参与人 i 的效用函数与参与人 i 的信念结构的组合（a_i, b_i），即参与人 i 的每一个类型（a_i, b_i）都明确一个关于对方效用函数与信念结构的信念；因而，给出了一个关于对方类型的信念。信任关系是一种信念结构，它先于博弈过程、并在博弈过程中强化和改变。并且，信念结构是嵌入在博弈结构过程之中的。这是认知博弈的语言出现以后，人们才有的关于信任在人类社会行为中认识的新进展。然而，改变人们信念结构的信息（Fukuyama，1995），往往并非博弈格局的内部变量，而是一种外生变量。由此，认知博弈的信念结构形成取决于两个步骤（Ostrom and Walker，2003）：一，进行一种关于外在信息的模糊计算，并以此形成信念；二，进行风险收益的效用计算。

5.3 分享经济下绿色农产品市场信任逻辑的认知博弈分析

购买就意味着信任[①]，消费者选择购买绿色农产品就意味着信任绿色农产品生产者。同样，生产者选择生产绿色农产品也意味着信任消费者相信绿色农产品生产者。这里就涉及共同信念，以及认知过程对信任的影响。本节将应用认知博弈方法分析生产者与消费者之间就绿色农产品和非绿色农产品生产与购买的博弈，明确通过认知改变提升信任度对绿色农产品市场发展的重要性。

5.3.1 博弈模型

考虑一个农产品生产者；他可以选择生产绿色农产品(高质产品)或非绿色农产品(低质产品)。每单位绿色农产品的平均成本是 C，而每单位非绿色农产品的平均成本是 c；这里 $C > c$。农产品生产者面对的消费者有两种类型：

（1）Ⅰ类顾客能准确辨别两种不同农产品价值，他们对于绿色农产品的保

---

① 见 Tullberg（2008）的批判论文，他评价道："Actually, buying implies some trusting, and many times the goods and services prove to be trustworthy. Commerce becomes slow if buyers insist on getting the good before paying and sellers want the money before delivering. Since not everything can be verified before a transaction is taking place, risk is not eliminated and there is a need for trust." 相对于学者而言，购买就意味着信任这句话，真正的生意人或许会理解得更深刻一些。

健作用和非绿色农产品的对健康损害的副作用有准确的认识，把前者的保留价定为 H，后者的定为 h。

（2）Ⅱ类顾客不能准确辨别两种农产品的价值，他们只能根据生产者要价大致猜测农产品的价值，要价高时则认为农产品的价值为 L，要价低时则认为农产品的价值为 l。我们假设 $H > L > l > h$。

当农产品生产者推出产品时，两类顾客可以根据要价和自己对农产品价值的估计决定买或者不买。农产品生产者生产前对两类顾客的比例有主观估计，认为Ⅰ类顾客与Ⅱ类顾客之比为 $p:(1-p)$。从某种程度上来说，p 代表了整个市场中信任绿色农产品的消费者比例。

根据上述假设描述可以画出相应的博弈树，如下图5.2所示。

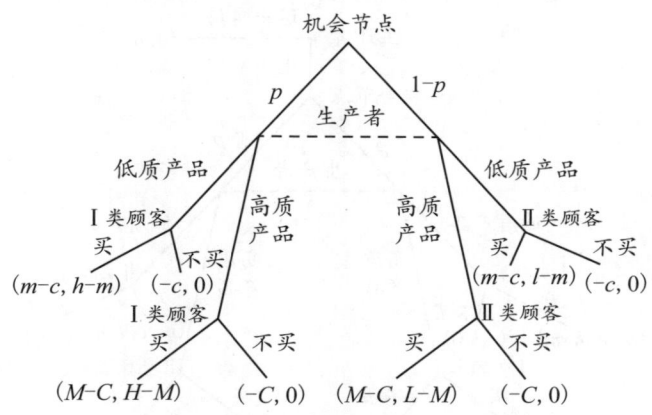

图5.2 农产品生产者与消费者博弈树

这是一个非完全信息博弈，本专著后面重点研究它的序贯均衡。

5.3.2 博弈均衡的求解

为便于分析，本专著先把上边的扩展型博弈化成策略型。农产品生产者因为实际上不能辨别消费者的类型，他只有一个信息集，内含两个不能区分开的决策点。在他的信息集上，他可以选择两个不同的(纯)策略：生产绿色农产品(高质产品)，或生产非绿色农产品(低质产品)。我们假定前者要价为 M，后

者要价为 m, $M > m$。

每种类型的顾客看到农产品和要价后都可以决定买或者不买。在农产品生产者看来，每类顾客都有两个单点信息集，如果他碰到 I 类顾客，博弈沿着左边的分支进行，如果他碰到 II 类顾客，博弈沿着右边的分支进行。在他看来，对应于高质农产品，两类顾客的策略有：买 – 买，买 – 不买，不买 – 买，不买 – 不买。这些策略的前半部分是 I 类顾客的决策，后半部分是 II 类顾客的决策。

为了不遗漏任何可能，我们多考虑一种极端情况，即农产品生产者无论生产绿色或非绿色农产品都总是亏本时退出市场的情况，这时他的收入为0。博弈树如图5.3所示。

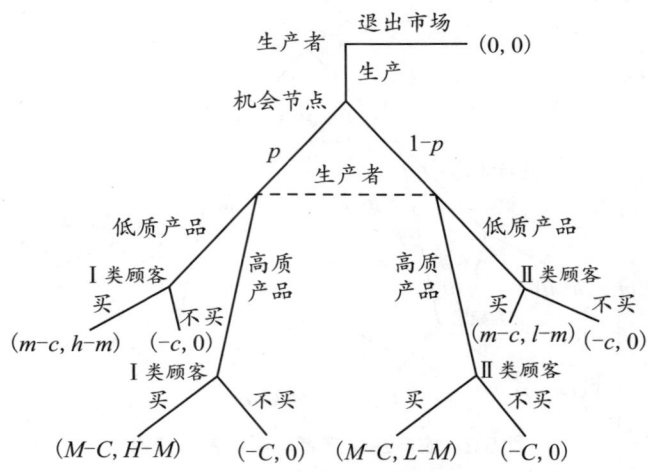

图5.3　同时考虑生产者亏损退出的博弈树

假定农产品生产者在所在地区有垄断力，而且对过去市场的观察，他知道 H, h, L, l 的值。以下分简单和复杂两种情形加以分析。

5.3.2.1　简单情形

先做如下假设：$H > C > L > l > c > h$。

在此假设之下，农产品生产者对绿色农产品的最优定价是 $H - \varepsilon$，对非绿色农产品的最优定价是 $l-\varepsilon$。[①] 这样一来博弈树将如图5.4所示。

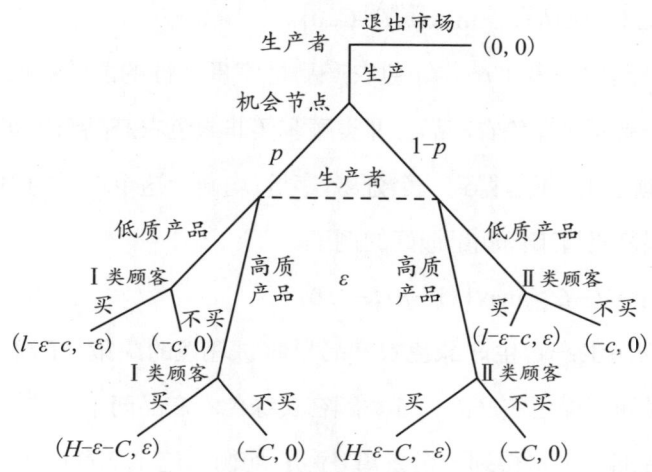

图5.4　同时考虑最优定价的博弈树

利用倒推归纳法，图5.4中的博弈树可简化为图5.5所示的博弈树。

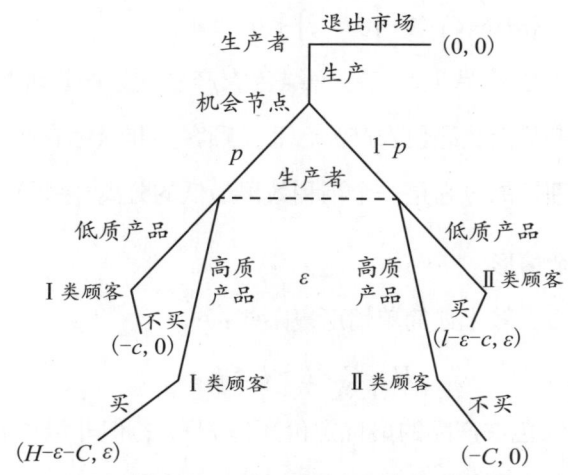

图5.5　同时考虑最优定价的简化博弈树

也就是说，农产品生产者生产非绿色农产品得到期望剩余 $(1-p)(1-\varepsilon)-c$；而生产绿色农产品得到期望剩余 $p(H-\varepsilon)-C$。基于此，本专著将分以下几种

---

① 在实践中为了确保顾客购买某种产品，定价应该比顾客的保留价略低。

情况讨论：

情况 1.1：$(1-p)l-c > \max\{pH-C, 0\}$。

这时农产品生产者生产非绿色农产品是序贯理性的决策；而 I 类顾客不买非绿色农产品而买绿色农产品，II 类顾客买非绿色农产品而不买绿色农产品也总是序贯理性的。于是得到一个分离(序贯)均衡。这个均衡的福利效果是不高的，中国国产奶粉市场就是最好的例子。

情况 1.2：$pH-C > \max\{(1-p)l-c, 0\}$。

这时农产品生产者生产绿色农产品是序贯理性的决策；而 I 类顾客不买非绿色农产品而买绿色农产品，II 类顾客买绿色农产品而不买非绿色农产品也总是序贯理性的。于是得到一个分离(序贯)均衡。这个均衡的福利效果较高。注意此时，这个均衡变为福利效果最高的序贯均衡，即市场上所有类型顾客都消费绿色农产品。

情况 1.3：$\max\{pH-C,\ (1-p)l-c\} < 0$。

这种情况下，农产品生产者生产绿色农产品才是序贯理性的。而 I 类顾客不买非绿色农产品而买绿色农产品，II 类顾客买非绿色农产品而不买绿色农产品也总是序贯理性的。它是一个福利效果最低的分离(序贯)均衡。

5.3.2.2 复杂情形

先做如下假设，较上述简单情形复杂些：

$$H > C > L > l \geqslant h > c$$

这种情况下绿色农产品的最优定价还是 $H-\varepsilon$；但非绿色农产品的最优定价视 p 大小而定。本专著也分几种情况讨论。复杂情形下，农产品生产者生产非绿色农产品时最优定价可以是 $h-\varepsilon$ 或 $l-\varepsilon$，视 p 值而定。为了不把博弈树复杂化，本专著只做出简化后的图形。

情况 2.1：$h-c > \max\{(1-p)l-c, pH-C\}$。

这时农产品生产者生产非绿色农产品时最优定价是 $h-\varepsilon$，而两类顾客都买非绿色农产品。简化后博弈树如图5.6所示。

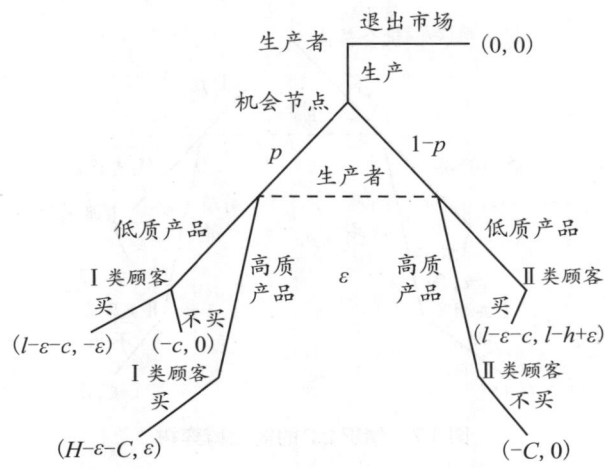

图5.6 情况2.1的简化博弈树

这时生产者生产非绿色农产品并要价 $h-\varepsilon$ 比生产非绿色产品要价 $l-\varepsilon$ 要好，也比生产绿色农产品要价 $H-\varepsilon$ 好。两类顾客的回应（Ⅰ类非绿色或绿色都买，Ⅱ类只买非绿色）也是序贯理性的。这是个半分离（序贯）均衡（semi-separating equilibrium）。

情况2.2：$(1-p)l-c > \max\{(h-c),(pH-C)\}$。

注意简化后博弈树（如图5.7所示）与情况2.1有区别。

这时农产品生产者生产非绿色农产品并要价 $l-\varepsilon$ 比生产非绿色产品要价 $h-\varepsilon$ 要好，也比生产绿色农产品要价 $H-\varepsilon$ 好。两类顾客的回应（Ⅰ类买绿色不买非绿色，Ⅱ类买非绿色不买绿色）也是序贯理性的。这是个分离（序贯）均衡（separating equilibrium）。

情况2.3：$pH-C > h-c > (1-p)l-c$。

这时农产品生产者的最优决策是生产绿色农产品并要价 $H-\varepsilon$，而两类顾客的最优回应与情况2.1的情况相同。这是个半分离（序贯）均衡。

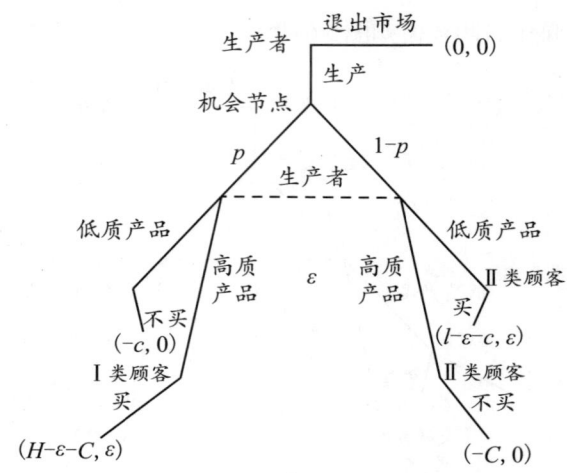

图5.7 情况2.2的简化博弈树

情况2.4：$pH - C > (1-p)l - c > h - c$。

这时农产品生产者的最优决策是生产绿色农产品并要价$H - \varepsilon$，而两类顾客的最优回应与情况2.2的情况相同。这是个分离（序贯）均衡。

5.3.3 分享经济平台助推绿色农产品信任机制建立的认知博弈分析

影响信任的重要因素是市场化和交易频度，市场化程度和交易频度越高，则信任度会越高，实证研究表明市场化程度每提高1%将会带来5%的信任程度提升（张维迎和柯荣柱，2002）。依据经济学基本逻辑，信任的形成与人们之间的交流相关，在处于封闭的地方，人们之间的交流非常少，导致相互了解也非常少，这非常不利于信任的建立。而在开放的地方，人们之间的交易非常多，互相之间容易发生重复博弈，这非常有利于人们去积极地建立信任（李涛等，2008）。绿色农产品分享经济平台提供一系列分享过程让绿色农产品消费者与生产者实现高效低成本匹配，让他们之间有更多的沟通了解，并最终达成交易，甚至实现更多的重复交易，不断地提高绿色农产品生产者与消费者之间的信任。依据以上分析和本章上节的博弈均衡分析结果，分享经济对影响绿色农产品市场信任机制建立的关键因素p值、绿色产品的生产成本与售价有着重要影响。

5.3.3.1 p 值对均衡的影响

毫无疑义当 p 值足够大时，市场上只有绿色农产品；相反 p 值足够小时，市场上只有非绿色农产品。因此，绿色农产品市场发展的好坏主要依赖于消费者对绿色农产品的信息了解与信任，以及绿色农产品生产者的生产决策。

认知博弈中一方信息传递将会改变对方的知识，反过来，一方认知到对方的知识又将影响他自己的行为。绿色农产品消费者和绿色农产品生产者都应该同时认识到能准确辨别绿色农产品与非绿色农产品价值的 I 类顾客比例 p 值足够大时，绿色农产品市场才能形成。因此，如果一个国家或地区想大力发展绿色农产品市场，政府相关部门和企业必须首先大力向消费者宣传绿色农产品，让消费者深入了解并认知到绿色农产品与非绿色农产品的差异以及绿色农产品的价值，同时消费者能够不断尝试订购绿色农产品，提高 I 类顾客比例 p 值，从而增加具备能力的生产者选择生产绿色农产品的概率。否则，生产者盲目生产绿色农产品基本都难以获利并生存下去，这也是中国当前的尴尬局面，绝大部分盲目进入绿色农产品市场的生产者基本都亏损退出或者转型生产非绿色农产品。而绿色农产品分享经济平台恰恰能够解决上述难题：①通过分享经济平台免费宣传推广绿色农产品，能够极大地改变人们对绿色农产品的认知，潜在的绿色农产品消费者数量将会不断上升；②分享经济平台补贴消费者购买绿色农产品，可以非常容易形成一个绿色农产品市场。

绿色农产品重大造假事件公开披露后对 p 值的影响。根据奥曼的共同知识概念，我们定义一个相关事件的概念，同时进一步考察当相关事件成为上述博弈双方的共同知识时，双方的信念和信息结构会发生什么变化，直至博弈均衡的新变动。基于共同知识的信念结构与类型结构的等价性性质，绿色农产品造假事件将改变众多消费者和生产者的共同知识信念，直接导致 p 值急剧下降，最终，导致绿色农产品信任危机，最终均衡是消费者不相信绿色农产品生产者而不选购、绿色农产品生产者也知道绝大多数消费者不相信他生产真绿色农产品而只能转向生产非绿色农产品。因此，如果一个国家或地区想大力发展绿色农产品市场，政府相关部门和绿色农产品生产企业必须认知到绿色农产品造假对绿色农产品市场的致命打击。因为，由造假事件产生的认知博弈将难以重新改变消费者不信任信念，即使绿色农产品生产者确实向市场提供真正绿色农产品，并也有相应的担保，消费者还是怀疑绿色农产品生产者会造假，这时难以建立绿色农产品信任机制。由认知博弈理论可知，如果政府相关部门制定并执行严厉的绿色农产品造假惩罚制度(其实制度本身就语言，改变生产者对绿色农产品造假后果的认知，影响其行为)，能够对绿色农产品造假者按制度进行严惩(巨额罚款直至破产)并向全社会大力宣传，这有利于绿色农产品消费者和生产者形成共同知识信念，消费者相信绿色农产品生产者不敢生产假冒绿色农产品(因为严厉惩罚机制，并被实际执行且有事实案例)，而绿色农产品生产者也知道自己不会生产假冒绿色农产品，绿色农产品消费者对所有具备资质的绿色农产品生产者的信任度上升，从而提高 I 类顾客比例 p 值，最终有利于绿色农产品市场的形成与发展。而绿色农产品分享经济平台恰恰能够解决上述难题：通过分享经济平台完成的交易，具备可追溯，当绿色农产品存在造假时，能够第一时间追溯并找到造假者，对其进行惩罚，这比传统交易模式，分享经济平台中的绿色农产品消费者和生产者更容易形成共同知识信念，最终有利于分享经济平台、绿色农产品消费者和生产者三方形成长期合作关系。

5.3.3.2 绿色产品的生产成本与售价

从各种情况来看，当每单位绿色农产品的平均成本是 C 和每单位非绿色农产品的平均成本是 c 发生变化时，博弈均衡将发生改变。当绿色产品的生产成本逐步减低时，生产非绿色农产品的平均成本逐步上升时，有利于情况1.2、情况2.3和情况2.4的实现。政府对绿色农产品生产者的补贴会导致更高的社会福利，但不建议补贴绿色农产品，而是补贴适用于绿色农产品生产的各种物质和设备，不但有利于降低绿色农产品生产成本，还有利于分工，推进整个经济发展。同时，政府还应该取消各种用于非绿色农产品生产的物质的补贴，特别是化学农药和化肥，目前国家已经在考虑逐步取消化肥补贴，这对于绿色农产品市场发展来说是一大利好消息。

农产品生产者对绿色农产品的最优定价是 $H-\varepsilon$，H 为那些能准确认识绿色农产品保健作用和非绿色农产品对健康损害的消费者对绿色农产品的保留价定。然而，国内现实市场中绝大多数绿色农产品提供者给出较高、甚至难以接受的定价，这类定价远远超出消费者对绿色农产品的保留价定 H，高价格导致消费者信任度和购买意愿下降，一旦绿色农产品质量不高，那么高价格对消费者来说就有着更高的风险，消费者效用下降。同时，高价格导致低需求，更不容易使企业实现规模经济并盈利，不利于绿色农产品市场的形成与发展。因此，绿色农产品生产者必须考虑定价对消费者认知的影响。

当绿色农产品分享经济平台介入绿色农产品市场时，有利于绿色农产品消费者与生产者实现高效低成本匹配。同时，分享经济平台会通过一系列分享过程，免费帮绿色农产品生产商做广告宣传、补贴消费者购买绿色农产品，最终把绿色农产品交易量提升上去，这非常有利于绿色农产品生产者实现规模经营，降低绿色农产品生产成本，最终有利于绿色农产品最优定价 $H-\varepsilon$ 的出现。合理的价格对绿色农产品消费者信念将产生有利影响，也就是即使出现所购买绿色农产品不是真正绿色农产品的最糟糕情况，消费者的损失也不会很大，并且所购买非真正绿色农产品比普通农产品品质还是会高些，此种情形下消费者会愿意尝试购买绿色农产品，由购买意味着信任可知，分享经济有利于建立绿色农产品市场信任。

5.4　本章小结

本章首先剖析了基于理性计算的信任行为研究的局限性；然后，探究了从理性计算到认知博弈的信任逻辑分析范式转变；最后，从认知博弈视角分析了分享经济下绿色农产品市场的信任逻辑。最终得到以下结论：

（1）理论上，信任具有的心理学、伦理学内涵确实激发了学者们的研究热情，特别是实验经济学方法的新运用为我们打开了信任理论研究的新途径。更重要的是，认知博弈理论的提出使得信任问题成了经济学研究的一个重要课题。经济学所计算的信任行为代价或成本并不是信任本身，用理性逻辑去计算理性之外的道德、伦理、情感必然会存在逻辑矛盾，忽视了决策的外生变量和博弈信念的决定性作用，遗漏的理论点正是关于损失收益认知、信念的逻辑。

（2）信任本质上就是一种信念，本章所关注的是存在于信任概念中，具有"环境－信念－行为"三者集成的、而非割裂的理论范式，即在一个博弈框架中，将行为环境、行为信念和行为均衡三个要素统一地刻画，并全面、恰当地体现在均衡的概念之中。一方面，这是信任问题本质所在；另一方面，也是认知博弈发展的要求，即必须深入刻画和体现人们行为过程的更多细节。信息认知的过程要求博弈参与人理解博弈情境的含义；由于当且仅当信念一致时，博弈均衡的概念才具有学术合法性。博弈均衡的首要条件是博弈情境的语境与语义一致性。将信任置于博弈情境来分析，最有价值的理论成果是关于信任崩溃与重建的机理研究。而博弈语境的重要性在于语境起源于个体偏好（口味／价值观），受到参与人关于社会认知、信息认知的影响，进而决定着博弈均衡的解概念。信任关系是一种信念结构，它先于博弈过程、并在博弈过程中强化和改变，并且，信念结构是嵌入在博弈结构过程之中的。这是认知博弈的语言出现以后，人们才有的关于信任在人类社会行为中认识的新进展。然而，改变人们信念结构的信息，往往并非博弈格局的内部变量，而是一种外生变量，认知博弈的信念结构形成取决于进行一种关于外在信息的模糊计算（以此形成信念）和进行风险收益的效用计算。

（3）购买就意味着信任，消费者选择购买绿色农产品就意味着信任绿色农产品生产者。影响消费者选购绿色农产品和生产者选择生产绿色农产品的关键因素有 p 值（从某种程度上来说，p 代表了整个市场中信任绿色农产品的消费者比例）、绿色产品的生产成本与售价。而绿色农产品分享经济平台对有效提升整个市场中信任绿色农产品的消费者比例、降低绿色产品的生产成本、帮助绿色农产品生产者实现最优定价等方面有着重要影响。

第六章　分享经济平台推动绿色
农产品市场合作机制建立

当传统农产品市场已经形成"柠檬市场"时，绿色农产品必须摆脱传统农产品市场的影响，才能生存并发展。也就是说，平台型网络市场作为互联网时代下市场形态演进的全新形式，已成为绿色农产品摆脱传统农产品市场"柠檬问题"的重要出路。虽然平台型网络市场有着低信息搜寻成本和较高市场竞争程度，也具有减少信息不对称的能力（Chang，2010），与市场治理学派所预期的理想情境相符，但其还是存在"柠檬问题"（Gulati，2009；Lewis，2011）。现如今，淘宝网和 eBay 都纷纷出现用户大量且急速流失的窘境，除了不利于买家购物体验外，还将对卖家长期收益造成较大损害，阻碍了平台企业经营的可持续性（汪旭晖和张其林，2017）。

因此，有待从理论层面证明，对于绿色农产品市场，需要绿色农产品供应链上的消费者、中间商和生产者合作，形成另外一个独立的绿色农产品平台型网络市场，才能有效推动绿色农产品市场的形成与发展。本章分析由以下三部分组成：第一部分是分享经济下多方联盟发展绿色农产品市场的有效性分析；第二部分是分享经济下相关主体参与绿色农产品市场多方联盟的意愿分析；最后是结论。

6.1 分享经济下多方联盟发展绿色农产品市场的有效性分析

本节在 CSA 模式基础上，构架以绿色农产品分享经济平台为核心，生产者、消费者、食品安全检测部门与分享经济平台合作的绿色农产品市场发展模式，并应用 TU 合作博弈理论论证该模式的可行性，以期为我国农业供给侧结构性改革的相关机制设计和绿色农产品分享经济平台建设提供理论参考。

6.1.1 以分享经济平台为核心的绿色农产品市场多方联盟模型

通过对绿色农产品市场信任危机形成机理的深入剖析，单纯地通过生产方或者中间商推动难以建立绿色农产品市场信任。理论上，建立信任的一个最有效途径，是增加博弈链条，变单次博弈为重复博弈，这是非合作博弈难以实现的。因此，本专著提出从合作联盟的角度修复绿色农产品市场信任。

从理论上来讲，以绿色农产品分享经济平台为核心，整合绿色农产品生产者和消费者，绿色农产品生产与消费的实现可以看作是一个合作博弈的过程。生产者、消费者、食品安全检测部门与分享经济平台合作的绿色农产品市场发展模式，主体间关系如图6.1所示，其中：

(1)在政府政策扶持下，由有实力的公司或者创业者搭建绿色农产品分享经济平台，此平台与阿里巴巴的淘宝网和天猫网有着本质的区别，需要对绿色农产品品质进行担保，绿色农产品分享经济平台主要收益来自佣金提取；

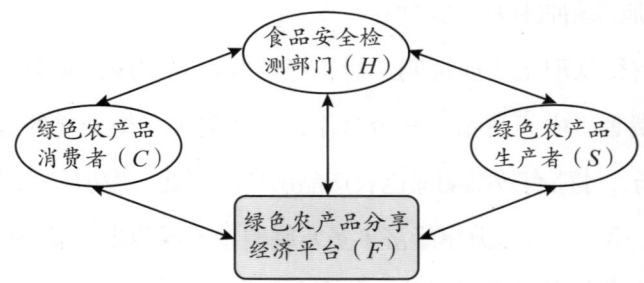

图6.1　以分享经济平台为核心的绿色农产品市场主体间关系概念模型

(2)通过分享经济平台运营公司主动搜寻或者绿色农产品生产者自主加入方式，未拥有绿色农产品认证的生产者需经过食品安全检测部门筛选，绿色农产品分享经济平台初步整合全国各地各类绿色农产品生产者，并在分享经济平台上详细公开各类绿色农产品生产者的产地、产能、生产过程、产品检查报告等信息；

(3)生产者通过绿色农产品分享经济平台发布绿色农产品团购信息，包括农产品的品种、估计数量、价格、定金、交货日期、质量违约赔偿条款、因自然灾害导致无法交货的免责条款以及销售区间等信息，如只能在本地销售的生鲜农产品还将涉及配送区间信息；

(4)消费者通过绿色农产品分享经济平台团购组群，解决绿色农产品生产者无法实现规模经济难题；

(5)绿色农产品分享经济平台负责绿色农产品抽检(分享经济平台采样送食品安全检测部门)，公开检测结果，存在违约，依据合作协议执行赔偿或追溯责任。

6.1.1.1　联盟规模和参与人数设定

设绿色农产品市场的合作博弈参与人总量 n 为4，参与人集合为：$N = \{C, S, H, F\}$ 其中，C 表示绿色农产品消费者，S 表示绿色农产品生产者，H 表示食品安全检测部门，F 表示绿色农产品分享经济平台。

考虑一系列农产品的供给和需求。把质量水平相同的同种农产品称为一种产品。对于每一种产品，考虑相应的生产者的供给与消费者的需求。

先引入下边记号：

$S = \{s_i\}$：农产品生产者的集合，其中每个 s_i 是单个生产者；

$C = \{c_j\}$：农产品消费者集合，其中每个 c_i 是单个消费者；

F：信息平台，向每一个生产者提供对这种农产品的需求信息，向每一个这种农产品消费者提供其需求产品的供给信息，并将生产者与消费者匹配[①]；

H：农产品质量与安全监测机构，对农产品作抽样检查，并向每个消费者提供农产品的相关质量与安全信息。

以 P 表示这种商品的一个设想价格，对于每个消费者 c_j，她对这种商品的需求可以用 $q_j = q_j(P)$ 来表示。我们假定函数 $q_j(\cdot)$ 是关于价格 P 的连续减函数。于是对这种农产品的总需求可以表示为：

$$Q = \sum_j q_j(P) \equiv Q_D(P)$$

毫无疑问，$Q_D(\cdot)$ 也是价格 P 的连续减函数。总需求的反函数记为：

$$P = P_D(Q)$$

它也是连续减函数。

类似地，从供给方面看，假定这种农产品的每个生产者 S_i 的供给是连续增 $q_i = q_i(P)$，那么总供给就是：

$$Q = \sum_i q_i(P) \equiv Q_S(P)$$

$Q_S(\cdot)$ 也是价格 P 的连续增函数。总供给的反函数记为

$$P = P_S(Q)$$

先考虑信息完全的情况。这时生产者对消费者关于产品质量的要求以及消费需求完全了解，而消费者对生产者的生产能力和产品质量也完全了解，于是这种农产品市场是个完全竞争市场。其均衡价格 P^* 和均衡数量 Q^* 由下边的方程组决定：

$$P = P_D(Q) , \quad P = P_S(Q)$$

这时消费者作为一个整体，生产者作为另一个整体，他们双方的经济剩余达到最大化。

我们假定生产者整体的剩余超过整体的固定成本，也就是说生产者整体

---

① 一个生产者可以同时与几个消费者配对，反之亦然。

获得(短期)超额利润。为方便计我们把这时生产者总利润与消费者总剩余之和记为 w。

$$w = （生产者剩余 - 生产者固定成本）+（消费者剩余）$$

至于个体生产者的利润，它当然由均衡价格与个体生产者的供给函数所决定。凡是参与生产者其短期利润一定大于或等于0。同样，个体消费者的经济剩余由市场均衡价格和个体需求函数所决定，凡是参与消费的，其经济剩余一定不小于0。

在信息不完全的情况下，一方面因为消费者对农产品的质量与安全性没有把握，因此对称为"高质量"而要价高的产品需求很低；另一方面因为生产者看不到足够的需求，所以高质量产品的供给也低。如果这种信息不完全和信息不对称的问题不能解决，图6.2中需求曲线与供给曲线都向左边移位，导致总体生产者剩余与消费者剩余大量缩减，很可能生产者剩余已经不足补偿生产者的固定成本。最终导致高质量农产品市场崩溃。

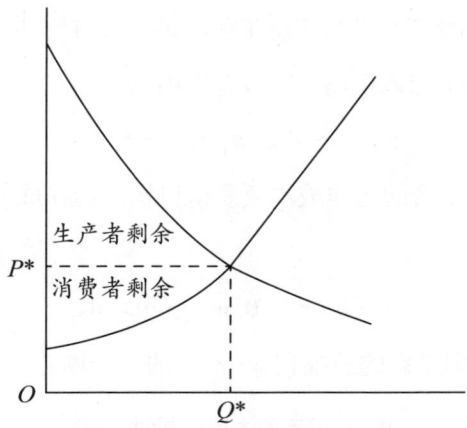

图6.2 绿色农产品的供给需求曲线和生产者与消费者剩余

这个时候，分享经济平台 F 的参与和质检安全监控机构 H 的参与就能消除信息不对称造成的问题。从TU结盟博弈的框架看问题，由于 F 和 H 的参与，生产者总体剩余最大化和消费者总体剩余最大化才能实现，所以 F 和 H 对大

联盟 N 盟值的贡献是不容忽视的。据此我们在下一段中构造这个结盟博弈的特征函数。我们分别以 f 和 h 表示信息平台与质检机构的运作成本。

以 v 表示特征函数，我们定义

$$v(S) = v(C) = v(F) = v(H) = 0 ;$$

$$v(\{S, C\}) = v(\{S, F\}) = v(\{S, H\}) = v(\{C, F\}) = v(\{C, H\}) = v(\{F, H\}) = 0 ;$$

$$v(\{S, C, F\}) = x - f, v(\{S, C, H\}) = y - h, v(\{S, F, H\}) = v(\{C, F, H\}) = 0 ;$$

$$v(\{S, C, F, H\}) = w - f - h。$$

注意，只要一个联盟不是同时包括生产者和消费者，其盟值必须为0。而大联盟的盟值 $w-f-h$ 实际上相当于有完全信息的竞争市场带来的生产者消费者总福利（welfare）减去信息平台和质检机构的运作成本。另一方面，对于联盟 $\{S, C, F\}$，因为缺少质量和安检机构参与，消费者对农产品的质量和安全性并非立即能深入了解，所以需求应不会很高；其带来的生产者消费者福利应该不高。另一方面，对于联盟 $\{S, C, H\}$，因为缺少信息平台的参与，生产者对需求信息了解不足，消费者对供给信息了解不足，双方的匹配成本很高；其带来的生产者消费者福利 y 应该不高。所以有理由认为：

$$\max\{x-f, y-h\} < w-f-h,$$

其中 f, h 分别是信息平台的运作成本及质检机构的运作成本。注意，在上述不等式满足时，

$$w-h-x > 0, w-f-y > 0。$$

定义6.1 大联盟带来的总福利 $w-f-h$ 的一个划分

$$w-f-h = w_S + w_C + w_F + w_H,$$

叫作一个核结果，如果下边条件得到满足：

$$w_S \geqslant 0, w_C \geqslant 0, w_F \geqslant 0, w_H \geqslant 0 ;$$

$$w_S + w_C \geqslant 0, w_S + w_F \geqslant 0, w_S + w_H \geqslant 0, w_C + w_F \geqslant 0, w_C + w_H \geqslant 0, w_F + w_H \geqslant 0 ;$$

$$w_S + w_C + w_F \geqslant x-f, w_S + w_C + w_H \geqslant y-h, w_S + w_F + w_H \geqslant 0, w_C + w_F + w_H \geqslant 0,$$

注意，w_S, w_C, w_F, w_H 分别是生产者总体分得的利润，消费者总体获得的经济剩余，信息平台分得的利润，质量安检机构分得的利润。

6.1.2 绿色农产品市场合作博弈的非空核证明

在一定条件下，以上描述的合作博弈有一个非空的核（core），如下边命题所表述：

命题6.2 假设信息平台运作成本和安检机构的运作成本之和小于 w。那么定义6.1中的 TU 结盟博弈的核非空。

证明：只要证明有一个核结果就够了。容易验证

$$\delta = \min\{w-f-h, w-h-x, w-f-y\} > 0$$

给出

$$w_S = w_C = \frac{w-f-h-\delta}{2}, w_F = w_H = \frac{\delta}{2}$$

于是

$w_S + w_C + w_F + w_H = w-f-h$;

$w_S > 0, w_C > 0, w_F > 0, w_H > 0$;

$w_S + w_C > 0, w_S + w_F > 0, w_S + w_H > 0, w_C + w_F > 0, w_C + w_H > 0, w_F + w_H > 0$;

$w_S + w_C + w_F = w-f-h-\dfrac{\delta}{2} = (w-h-x-\dfrac{\delta}{2}) + x-f > x-f$;

$w_S + w_C + w_H > w-f-h-\dfrac{\delta}{2} = (w-f-y-\dfrac{\delta}{2}) + y-h > y-h$;

$w_S + w_F + w_H > 0, w_C + w_F + w_H > 0$;

命题6.2得证。

在实践中，可以设想，S, C, F, H 四方合作先使得生产者总利润＋消费者总剩余＝w；然后生产者和消费者按利润或经济剩余的比例分担信息平台和质检机构的成本和利润。

例子：100个消费者，10个生产者。个体需求：$q_j = 20 - P$，个体供给：

$q_i = 10P$；市场需求：$Q = 2000 - 10P$，市场供给：$Q = 100P$。完全信息竞争市场的均衡价格 $P^* = 10$，均衡数量 $Q^* = 1000$。个体生产者固定成本100。生产者总利润：$5000 - 10 \times (100) = 4000$，个体生产者利润400。消费者总剩余 5000，个体消费者剩余50。

$w = 9000, f = 1000, h = 800, x = y = 5000$；

核结果之一：$w_S = 3000, w_C = 3500, w_F = 500, w_H = 200$；

个体生产者利润 300，个体消费者剩余35。

6.1.3　绿色农产品市场合作博弈的 Shapley 值求解

理论上，核结果虽然存在，但它一般都不唯一。好在对这类问题而言，我们可以算它的 Shapley 值，一般情况下 Shapley 值会在核中。不同联盟顺序下各参与者的边际贡献函数如表6.1所示。

表6.1　不同联盟顺序下各参与者的边际贡献函数

参与人 联盟顺序	绿色农产品生产者（S）	绿色农产品消费者（C）	绿色农产品分享经济平台（F）	农产品质量与安全监测机构（H）
$S–C–F–H$	0	0	$x–f$	$w–h–x$
$S–C–H–F$	0	0	$y–h$	$w–f–y$
$S–F–C–H$	0	$x–f$	0	$w–h–x$
$S–F–H–C$	0	$w–f–h$	0	0
$S–H–C–F$	0	$y–h$	$w–f–y$	0
$S–H–F–C$	0	$w–f–h$	0	0
$F–C–S–H$	$x–f$	0	0	$w–h–x$
$F–C–H–S$	$w–f–h$	0	0	0
$F–S–C–H$	0	$x–f$	0	$w–h–x$
$F–S–H–C$	0	$w–f–h$	0	0
$F–H–C–S$	$w–f–h$	0	0	0
$F–H–S–C$	0	$w–f–h$	0	0

参与人 联盟顺序	绿色农产品生产者（S）	绿色农产品消费者（C）	绿色农产品分享经济平台（F）	农产品质量与安全监测机构（H）
C–S–F–H	0	0	x–f	w–h–x
C–S–H–F	0	0	y–h	w–f–y
C–F–S–H	x–f	0	0	w–h–x
C–F–H–S	w–f–h	0	0	0
C–H–S–F	y–h	0	w–f–y	0
C–H–F–S	w–f–h	0	0	0
H–C–S–F	y–h	0	w–f–y	0
H–C–F–S	w–f–h	0	0	0
H–S–C–F	0	y–h	w–f–y	0
H–S–F–C	0	w–f–h	0	0
H–F–C–S	w–f–h	0	0	0
H–F–S–C	0	w–f–h	0	0

一般情况下，比如说：$v(\{S, C, F, H\}) = w-f-h$，$v(\{S, C, F\}) = x-f$，$v(\{S, C, H\}) = y-h$，$v(S) = 0$ 对于其他的。

先考虑 F 的贡献；先考虑它第三位进入联盟，这时当而且仅当前两位进入的是 S，C，F 才有贡献 $aw-f$，这种情况发生2次；再考虑它第四位进入联盟（共6次），这时它每次的贡献都是：

$$w-f-h-(y-h) = w-f-h$$

它的平均贡献是 $\dfrac{2(x-f)+6[w-y-f]}{24}$，这就是它应该得到的利润。

因此，以分享经济平台为核心的绿色农产品市场 TU 合作博弈的 Shapley 值为：

$$\left(\frac{6w-8f-8h+2x+2y}{24}, \frac{6w-8f-8h+2x+2y}{24}, \frac{4w-6f-2h+2x-2y}{24}, \right.$$

$$\left. \frac{8w-6h-2f-6x+2y}{24} \right)$$

接着上一节中的例子做说明：

我们假设 $v(\{S, C, F, H\}) = 7200$, $v(\{S, C, F\}) = 4000$, $v(\{S, C, H\}) = 3200$, $v(S) = 0$ 对于其他的。

据此，可以建立不同联盟顺序下各参与者的边际贡献值，结果如表6.2所示。

表6.2 不同联盟顺序下各参与者的边际贡献值

联盟顺序 ＼ 参与人	绿色农产品生产者（S）	绿色农产品消费者（C）	绿色农产品分享经济平台（F）	农产品质量与安全监测机构（H）
S-C-F-H	0	0	4000	3200
S-C-H-F	0	0	4000	3200
S-F-C-H	0	4000	0	3200
S-F-H-C	0	7200	0	0
S-H-C-F	0	3200	4000	0
S-H-F-C	0	7200	0	0
F-C-S-H	4000	0	0	3200
F-C-H-S	7200	0	0	0
F-S-C-H	0	4000	0	3200
F-S-H-C	0	7200	0	0
F-H-C-S	7200	0	0	0
F-H-S-C	0	7200	0	0
C-S-F-H	0	0	4000	3200
C-S-H-F	0	0	4000	3200
C-F-S-H	4000	0	0	3200
C-F-H-S	7200	0	0	0

参与人 联盟顺序	绿色农产品生产 者（S）	绿色农产品消费 者（C）	绿色农产品分享 经济平台（F）	农产品质量与安 全监测机构（H）
C–H–S–F	3200	0	4000	0
C–H–F–S	7200	0	0	0
H–C–S–F	3200	0	4000	0
H–C–F–S	7200	0	0	0
H–S–C–F	0	3200	4000	0
H–S–F–C	0	7200	0	0
H–F–C–S	7200	0	0	0
H–F–S–C	0	7200	0	0

容易看出，Shapley 值解是：（2400，2400，1333.33，1066.67）。

6.1.4 合作博弈分析结果讨论

通过应用 TU 合作博弈方法，基于理论分析和假设数据，本专著证明了生产者、消费者、食品安全检测部门与分享经济平台合作的绿色农产品市场发展模式具备有效性，该模式满足时代及市场经济实践的客观需求。依据不同联盟顺序下参与人加入的边际贡献值，本专著：

（1）发现分别存在 6 种联盟顺序，绿色农产品生产者（S）和绿色农产品消费者（C）最后进入联盟，其边际贡献值最大，这同时反映了绿色农产品供给侧和需求侧的重要性，也正说明了生产与消费是同一个问题的两个方面，即绿色农产品市场的发展是一个由消费者决定，而由生产者推动的动态过程，二者既相互促进又相互制约；

（2）一开始，绿色农产品生产者（S）和绿色农产品消费者（C）就先后进入联盟，他们的边际贡献值均为零，这意味着在缺少绿色农产品分享经济平台的支持下，绿色农产品生产者与消费者无法形成联盟，他们相互不信任，无法实现交易，这充分体现了绿色农产品分享经济平台对绿色农产品市场发展的重要性，现实中众多绿色农产品生产者想单方面向消费者推送绿色农产品基本都已亏损退出。当以分享经济平台为核心的绿色农产品市场发展模式真正成功试运行，并被广大消费者和绿色农产品生产者所认知和信任时，将会不断地有绿色农产品生产者和大量消费者进入联盟，从而不断地推动着绿色农产品市场发展。

由此可见，通过分享经济快速形成并壮大的绿色农产品市场联盟将是绿色农产品市场发展的重要途径。

6.2 分享经济下相关主体参与绿色农产品市场多方联盟的意愿分析

上一节从合作博弈视角证明了分享经济下多方联盟发展绿色农产品市场的有效性，其前提是绿色农产品市场相关主体双方相互信任并愿意参与联盟，但上一节未对分享经济下相关主体更愿意参与联盟的内在机理未加以论证，对此，本节拟解决此问题。

在绿色农产品分享平台主导的绿色农产品供应链中，作为绿色农产品生产者具有确保盈利订单的需求，作为绿色农产品消费者则具有确保产品质量合格的需求。现实中，许多具备绿色农产品生产资质的生产者，由于生鲜农产品的保质期短和无法获得足够的订单，这些生产者基本在尝试大规模生产绿色农产品失败后转向普通的无公害农产品生产，因此，依托绿色农产品分享平台，获得足够的绿色农产品订单，并获得分享经济平台的全面服务（包括检测服务、产品推广服务等），才能极大地降低生产者生产绿色农产品的风险，并让绿色农产品生产者获得高于生产无公害农产品的利润。

同样，对于绿色农产品消费者，依托绿色农产品分享经济平台，能够轻松完成绿色农产品订购，并获得分享经济平台的产品质量担保等服务，极大地降低消费者订购绿色农产品的搜寻成本和假冒伪劣风险。在绿色农产品分享经济平台提供全面服务的过程中，绿色农产品生产者和消费者与分享经济平台之间的行为可认为是一种博弈。绿色农产品分享经济平台应该权衡利弊，决定是否对绿色农产品生产者提供全面服务，是否对绿色农产品消费者提供质量担保。

分享经济平台推广阶段可能会采取免费策略，吸引绿色农产品生产者和消费者，发展到一定阶段再通过广告收费和收取交易佣金，绿色农产品分享经济平台维持平台运行并最终获利。由此可见，绿色农产品生产者和消费者与分享经济平台之间在利益结构及契约关系方面存在相互合作、相互制约的关系，这恰恰能够解决 CSA 模式无法解决的生产者道德危机、消费者信任和规模经济等难题。

分享经济平台主导型绿色农产品供应链的运作过程中，绿色农产品分享经济平台与绿色农产品生产者和消费者之间应形成稳定的信任合作关系。除了依靠必要的物质利益维持与发展此信任合作关系外，还要基于双方互惠动机的关系"黏合剂"（陈畴镛和黄贝拉，2015）。而互惠动机就是指行为人具有一种动机，去报答他人的善意行为或者报复他人的敌意行为，即使这种报答或者报复存在额外成本（邹文篪等，2012）。

绿色农产品分享经济平台对绿色农产品生产者提供全面服务，如当消费者因特别原因不执行农产品订单时分享经济平台以成本价收购这些绿色农产品等；绿色农产品生产者会回报以诚信互利合作，如向绿色农产品分享经济平台提供真正可靠的绿色农产品、降低绿色农产品价格。绿色农产品分享经济平台对绿色农产品消费者提供产品质量担保，如向消费者提供生产者生产绿色农产品的相关数据资料、一旦绿色农产品生产者存在造假时需承担的赔付责任等；绿色农产品消费者会回报以诚信互利合作，如不断在绿色农产品分享经济平台购买农产品、将绿色农产品分享经济平台及其畅销的绿色农产品介绍给亲朋好友等。

反过来，如果绿色农产品生产者提供假冒伪劣农产品，绿色农产品分享经济平台将按合同约定对其进行惩罚，如提起诉讼、限制其永久不能进入分享经济平台、将其列入诚信黑名单并公开。如果绿色农产品消费者无故违约，绿色农产品分享经济平台将按合同约定不返还其缴纳的定金。互惠心理是人类普遍存在的一种心理动机，大量实验博弈的研究证明，参与者具有互惠动机等非自利性效用函数(刘德海等，2015)。Dufwenberg和Kirchsteiger(2004)提出了序贯互惠博弈模型，其模式考虑了友善度的高阶信念。目前，国内外学者已将互惠性偏好应用供应链合作等方面的研究(王迅和陈金贤，2008；陈金龙等，2017)。

因此，本节将借鉴陈金龙等(2017)构建的核心企业主导型供应链金融序贯互惠博弈模型，在一般化假设基础上，分析在完全理性假设条件下和具有互惠动机条件下生产者、消费者与绿色农产品分享经济平台的博弈行为。其研究结论将对分享经济平台主导型绿色农产品供应链的合作关系决策提供理论参考。其中，由于生产者与绿色农产品分享经济平台的互惠合作行为、消费者与绿色农产品分享经济平台的互惠合作行为的原理基本相同，本专著仅对生产者与绿色农产品分享经济平台的互惠博弈进行分析。

6.2.1　基本模型的设定

本专著对基本模型的设定如下：

(1)把绿色农产品分享经济平台运行模式分为两种：一是提供全面服务模式。绿色农产品分享经济平台向绿色农产品生产者提供全面服务(包括检测服务、产品推广服务，以及以成本价收购消费者违约的绿色农产品订单等各种服务；二不提供额外服务模式。绿色农产品分享经济平台不对绿色农产品消费者与生产者之间的交易进行任何干涉，不提供额外的服务，只负责平台维护。

(2)两种绿色农产品分享经济平台运行模式下，绿色农产品生产者对消费者订单都履约。

(3)绿色农产品生产者销售总收入为 S，分享经济平台提供全面服务模式下绿色农产品生产者完全成本为 c，分享经济平台不提供额外服务模式下绿色农产品生产者完全成本为 C，且 $C > c$。

（4）分享经济平台提供全面服务模式下的绿色农产品供应链合作关系中，绿色农产品生产者更愿意降低定价获得更多的订单，有利于自己实现规模经济，同时最后因交易量的上升而使绿色农产品分享经济平台获得更多的提成收益，其实质是绿色农产品生产者对分享经济平台的一种利益分配。本专著以绿色农产品生产者的非让利情况下，以绿色农产品销售收入为基数对绿色农产品分享经济平台和绿色农产品生产者进行收益分配，并定义分配系数 α（$0 \leqslant \alpha \leqslant 1$），表示绿色农产品分享经济平台的分配比例，并且，假定绿色农产品分享经济平台提供全面服务模式的分配比例与不提供额外服务模式下的分配比例相同。

6.2.2　完全理性假设下的序贯互惠博弈分析

博弈方包括绿色农产品分享经济平台 j 和绿色农产品生产者 i，假定双方均是完全理性的，都想最大化自身的物质效用。

绿色农产品分享经济平台的策略集为 $t \in \{y, n\}$，$t = y$ 表示绿色农产品分享经济平台向绿色农产品生产者提供全面服务；$t = n$ 表示绿色农产品分享经济平台不对其提供额外服务。

绿色农产品生产者的策略集可表示为 $t' \in \{y, n\}$，$t' = y$ 表示绿色农产品生产者选择与分享经济平台紧密合作；$t' = n$ 表示绿色农产品生产者选择不与分享经济平台合作。

博弈分两阶段进行：一阶段，绿色农产品分享经济平台选择给予生产者全面服务，或者不给予生产者额外服务；二阶段，绿色农产品生产者选择紧密合作，或者选择不合作。其博弈树如图6.3所示。

从博弈树来看，绿色农产品分享经济平台有2种策略：

（1）向绿色农产品生产者提供全面服务；

(2)不给绿色农产品生产者给予额外服务。

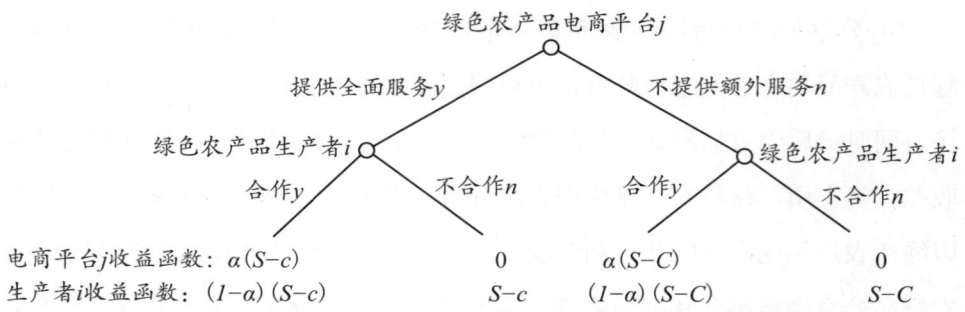

图6.3　绿色农产品分享经济平台与绿色农产品生产者的序贯博弈树

绿色农产品生产者也有2种策略能够选择：

(1)与绿色农产品分享经济平台合作，此时，绿色农产品生产者获得的收益由双方分享，α 为绿色农产品分享经济平台对收益的分享系数；

(2)不与绿色农产品分享经济平台合作，绿色农产品生产者获得的收益全部归自己所有，绿色农产品分享经济平台无分享收益。

如果绿色农产品生产者没有互惠动机需求，则互惠心理效用等于0，那么绿色农产品生产者选择策略的角度会是自身物质收益最大化。因此，如图6.3所示，根据绿色农产品分享经济平台和绿色农产品生产者在不同策略组合下的物质收益函数，应用逆向归纳法获得博弈双方的最优策略组合：绿色农产品分享经济平台不提供全面服务，绿色农产品生产者不与绿色农产品分享经济平台进行合作。在这种情况下，绿色农产品分享经济平台与绿色农产品生产者将无法形成信任关系。不失一般性，假如绿色农产品生产者只有很小的互惠心理效应，那么他们依然不会改变其策略。通过简单证明即可得到本节的研究结论6.3。

结论6.3　当绿色农产品生产者具备完全理性时，绿色农产品分享经济平台将不提供全面服务，绿色农产品生产者也不选择与绿色农产品分享经济平台合作，双方无法建立互惠合作关系。

6.2.3　互惠动机条件下的序贯互惠博弈分析

如果绿色农产品生产者具有互惠动机，当绿色农产品生产者认为绿色农产品分享经济平台对其友善时，绿色农产品生产者会采取友善行为以获得效用最大化；反之，绿色农产品生产者认为绿色农产品分享经济平台对其不友善时，它将会采取不友善行为，以避免效用损失。

6.2.3.1　分享经济平台不提供全面服务时的均衡分析

当绿色农产品分享经济平台不提供全面服务时，绿色农产品生产者选择不合作时的物质收益 $(S-C)$ 通常会大于其选择合作时的物质收益 $(1-\alpha)(S-C)$（因为 $0 \leqslant \alpha \leqslant 1$）。这时，绿色农产品生产者认为绿色农产品分享经济平台是不友善的，考虑效用时，绿色农产品生产者选择不合作时的效用会增大，与其选择合作行为相比，绿色农产品生产者的物质与互惠收益均高些；同时，绿色农产品生产者所取得的效用会大于理性人假设下其所取得的效用，此时，绿色农产品生产者会更加倾向于不合作。因而得到本节的第二个研究结论。

结论6.4　在考虑绿色农产品生产者互惠动机后，如果绿色农产品分享经济平台选择不提供额外服务，则绿色农产品生产者倾向于不合作，而且其不合作动机比理性人假设条件下更强，那么双方根本建立不了互惠合作关系。

6.2.3.2　分享经济平台提供全面服务时的均衡分析

(1)生产者对分享经济平台的友善度。

生产者对分享经济平台的友善度，是其试图给予绿色农产品分享经济平台的期望物质支付与公平期望物质支付的差值，因而，当绿色农产品分享经济平台选择提供全面服务时，绿色农产品生产者给绿色农产品分享经济平台带来的平均物质收益为 $\alpha(S-c)/2$。

当绿色农产品生产者选择合作行为时，其对绿色农产品分享经济平台的友善度也为 $\alpha(S-c)/2$。

当绿色农产品生产者选择不合作行为时，其对绿色农产品分享经济平台的友善度为 $-\alpha(S-c)/2$。

因为 $S > c$，所以，绿色农产品生产者对绿色农产品分享经济平台的友善度，在绿色农产品分享经济平台提供全面服务时大于零，而在绿色农产品分享经济平台不提供额外服务时小于零。

(2)生产者感知到的分享经济平台的友善度。

绿色农产品生产者所能感知到分享经济平台的友善程度，等于"其认为绿色农产品分享经济平台可以带给它的平均支付"与"其对绿色农产品分享经济平台策略所带来的支付的期望"之差。可以用 p（$0 \leqslant p \leqslant 1$）来代表绿色农产品生产者倾向于合作的概率，那么其选择不愿意合作的概率则为（$1-p$）。用 p'（$0 \leqslant p' \leqslant 1$）代表绿色农产品分享经济平台对绿色农产品生产者合作倾向概率的期望，也就是对 p 概率的期望。用 p''（$0 \leqslant p \leqslant 1$）代表绿色农产品生产者关乎分享经济平台对其倾向于合作概率的期望（p'）的期望，也就是绿色农产品生产者判断分享经济平台认为自己有多大可能会选择合作。

结合结论6.4，绿色农产品生产者认为绿色农产品分享经济平台可以带来的平均收益为 $[p''(1-\alpha)(S-c) + (1-p'')(S-c) + (S-c)]/2$。

当绿色农产品分享经济平台首先选择提供全面服务时，生产者感知到的绿色农产品分享经济平台的友善度为：

$$p(1-\alpha)(S-c) + (1-p)(S-c) - [p''(1-\alpha)(S-c) + (1-p'')(S-c)(S-C)]/2。$$

6.2.3.3 求解序贯互惠均衡

根据 Dufwenberg 和 Kirchsteiger（2004）的序贯互惠均衡的理论，达到序贯互惠均衡时，每个博弈方都根据其信念做出最优决策，所有高阶信念都与实际行为相符，即有：$p=p'=p''$。

因此，当绿色农产品分享经济平台选择提供全面服务时，绿色农产品生产者也选择互惠合作行为时，绿色农产品生产者的效用为：

$$U_i^{\text{cooperate}} = (1-\alpha)(S-c) + Y_{ij} \cdot \alpha(S-c)\big[(C-c) - \alpha \cdot p(S-c)\big]\big/4 ,$$

其中 Y_{ij} 代表生产者对分享经济平台善意的敏感度，且 $Y_{ij} \geq 0$。

同理，当绿色农产品分享经济平台选择不提供额外服务时，绿色农产品生产者选择不合作行为时，绿色农产品生产者的效用为：

$$U_i^{\text{not-cooperate}} = (S-c) + Y_{ij} \cdot \alpha(S-c) \cdot \big[(C-c) - \alpha \cdot p(S-c)\big]\big/4$$

其中 Y_{ij} 代表生产者对分享经济平台善意的敏感度，且 $Y_{ij} \geq 0$。

（1）当绿色农产品分享经济平台选择提供全面服务，假如绿色农产品生产者选择合作的效用大于其选择不合作的效用。

此情形下，$U_i^{\text{cooperate}} > U_i^{\text{not-cooperate}}$，绿色农产品生产者选择合作行为，则有：$p = p' = p'' = 1$。

通过计算，得到：$Y_{ij}^{\text{high}} > 2\big/\big[(C-c) - \alpha \cdot (S-c)\big]$，其中，$(C-c)$ 为绿色农产品生产者通过具有全面服务的分享经济平台比不提供额外服务的分享经济平台所节约的经营成本，在供应链合作中，绿色农产品分享经济平台以 α 为分配系数从绿色农产品生产者生产经营收益 $(S-c)$（非让利情形下）中获取的分配额。由此可知，在绿色农产品分享经济平台提供全面服务时，如果绿色农产品生产者通过分享经济平台所节约的经营成本大于其生产经营收益中分配给分享经济平台的数额时，尽管选择合作会让绿色农产品生产者产生物质收益损失（其物质收益损失的函数为 $\alpha \cdot (S-c)$，但由于其物质收益的损失数量小于互惠收益所带来的增加量，绿色农产品生产者的总效用变大了，所以在面对分享经济平台提供全面服务时，绿色农产品生产者更倾向于合作，以实现帕累托均衡。

（2）当绿色农产品分享经济平台选择提供全面服务，假如绿色农产品生产者选择合作的互惠效用小于其选择不合作的互惠效用。

此情形下，$U_i^{\text{cooperate}} < U_i^{\text{not-cooperate}}$，绿色农产品生产者选择合作行为，则有：$p = p' = p'' = 0$。

通过计算，得到：$Y_{ij}^{low}<2/(C-c)$，由此可知，在提供全面服务的情形下，绿色农产品生产者选择合作时的物质收益损失大于互惠收益的增加量，总效用下降，此时绿色农产品生产者更倾向于不合作。

（3）当绿色农产品分享经济平台选择提供全面服务，假如绿色农产品生产者选择合作的互惠效用等于其选择不合作的互惠效用。

此情形下，$U_i^{cooperate}=U_i^{not\text{-}cooperate}$，通过计算，得到：$p=(C-c)/[\alpha(S-c)]-2/[Y_{ij}\cdot\alpha(S-c)]$，其中$p$是$Y_{ij}$的单调增函数，而$p(Y_{ij}=Y_{ij}^{low})=0,p(Y_{ij}=Y_{ij}^{high})=1$，所以当$Y_{ij}^{low}<Y_{ij}<Y_{ij}^{high}$时有$0<p<1$。由此可＝知：①绿色农产品生产者的互惠动机越强，则绿色农产品生产者选择合作的概率越大；②绿色农产品生产者互惠动机不变，绿色农产品分享经济平台给绿色农产品生产者带来的收益越多，或绿色农产品分享经济平台的收益分配系数越小，则绿色农产品生产者选择合作的概率越大。为此，绿色农产品分享经济平台一方面要通过全面系统的服务，帮助绿色农产品生产者实现规模经济，并降低因消费者违约给绿色农产品生产者带来的损失；另一方面，绿色农产品分享经济平台要制定合理的供应链合作收益分配机制，充分激励绿色农产品生产者，提升其选择与分享经济平台合作的概率。最终得到本节的第三个研究结论。

结论6.5 如果绿色农产品生产者具有互惠动机，绿色农产品分享经济平台选择全面服务时，则存在3种序贯互惠均衡：

均衡 a 当绿色农产品生产者通过分享经济平台所节约的经营成本大于其交易中对绿色农产品分享经济平台的让利，绿色农产品生产者的总效用增加，从而选择合作。

均衡 b 当绿色农产品生产者选择合作时的物质收益损失大于互惠收益的增加，总效用下降，此时绿色农产品生产者更倾向于不合作。

均衡 c 绿色农产品生产者以一定概率选择合作，其概率随生产者对分享经济平台善意的敏感度上升而上升，绿色农产品分享经济平台可以通过全面服务降低绿色农产品生产者经营风险，并通过制订合理的绿色农产品供应链合作收益分配机制，提高绿色农产品生产者合作意愿的概率。

基于上述研究结论，本专著提出需要构建一个合作型的专业绿色农产品分享经济平台主导的绿色农产品供应链，才能有效激励绿色农产品生产者和消费者的参与，从而最终发展绿色农产品市场。

6.3　本章小结

本章首先应用合作博弈方法，构建了以分享经济平台为核心的绿色农产品市场多方联盟模型，分析了生产者、消费者、食品安全检测部门与绿色农产品分享经济平台合作的绿色农产品市场发展模式的有效性；然后，应用序贯互惠博弈模型分析了分享经济下相关主体参与绿色农产品市场多方联盟的意愿。最终得到以下结论。

(1)分享经济下多方联盟模式对绿色农产品市场发展有效。发现分别存在6种联盟顺序，绿色农产品生产者或绿色农产品消费者最后进入联盟，其边际贡献值最大，这同时反映了绿色农产品供给侧和需求侧的重要性，也正说明了生产与消费是同一个问题的两个方面，即绿色农产品市场的发展是由消费者和生产者共同决定的，而绿色农产品分享经济平台则是实现两者联盟的关键。

(2)当绿色农产品生产者具有互惠动机，绿色农产品分享经济平台选择不提供全面服务时，绿色农产品生产者越倾向于选择不合作。

(3)绿色农产品分享经济平台选择提供全面服务时，绿色农产品生产者选择合作的前提条件是"交易中对绿色农产品分享经济平台的让利小于绿色农产品生产者通过绿色农产品供应链所节约的经营成本"。满足此前提条件下，绿色农产品生产者的互惠动机越大就会越倾向选择合作，最终实现博弈双方的帕累托均衡。

(4)绿色农产品分享经济平台可以通过设计绿色农产品供应链合作机制，

帮助绿色农产品生产者实现规模经济，降低绿色农产品生产者经营成本，提高其选择合作的概率，实现绿色农产品分享经济平台与绿色农产品生产者之间的互信合作共赢，满足绿色农产品供应链下双方达成合作的前提条件。对此，本章提出需要构建一个合作型的专业绿色农产品分享经济平台主导的绿色农产品供应链。

第七章　分享经济视角下中国绿色农产品市场发展案例研究

由于缺乏与分享经济相关的绿色农产品市场发展实际数据，本专著难以开展实证研究检验分享经济对绿色农产品市场发展的影响效应。罗伯特·K. 殷(2010)强调，案例研究是与实证研究截然不同的一种研究方法，它可以让研究者能够原汁原味地保留实际生活中有意义的特征。因此，本专著基于第三章至第六章的重要研究内容与结论，如分享经济发生与演进的内在机理、绿色农产品分享经济平台 APP 的市场有效逻辑、分享经济下绿色农产品市场信任逻辑、分享经济下多方联盟发展绿色农产品市场的有效性和分享经济下相关主体参与绿色农产品市场多方联盟的意愿，通过现实生活中人们正在实践的绿色农产品发展个案，进一步透视分享经济对绿色农产品市场发展的影响，或者从分享经济视角剖析绿色农产品市场发展典型模式应用个案，以期为其更好地发展提供有益的建议，同时还为其他相同绿色农产品市场发展实践案例提供理论参考。

案例研究包括单案例研究和多案例研究，两者只是案例研究的变式(艾尔·巴比，2005)，都需根据研究目的筛选与组合案例。本章以多案例研究组合分析分享经济对绿色农产品市场发展的作用，以及如何从分享经济角度改进绿色农产品市场发展典型模式的应用。本章以下分析由四部分组成：第一部分是艾米会定制共享农场服务运营商发展案例分析；第二部分是恒大兴安绿色粮油品牌发展案例分析；第三部分是湘潭市俏仙女农牧公司绿色基地发展案例分析；最后是结论。其中案例来源于两个方面：一是新闻资料和网站(案例一、二)；二是作者的实地调研(案例三)。

7.1 艾米会定制共享农场服务运营商发展案例

从互联网报道得知：艾米会于2014年成立，在发展理念上坚持"共享农业生态圈"，在全球首创了共享农田模式，已经成为中国首个定制共享农场服务的运营商。艾米会通过研究开发了"互联网＋农业"的全新农业模式，通过整合农田并统一管理，打造出先进的艾米共享农场。

据透露，艾米会还正在实施闲置农田托管计划，在全国范围内接受闲置优质农田的托管申请，申请主体可以是地方政府、合作社等，涉及乡村旅游度假项目等。艾米会将统一建设环境审核合格的土地，建造统一管理的农场。艾米目前已收到132个农田托管申请，涉及全国八个省，初步进入审核的项目约63个。

艾米提出：依托一产(水稻种植)，开拓生产加工、线上销售和线下会员互动体验等，充分挖掘农村田园风光、乡土文化等资源，进一步开发户外运动、自然教育和乡村美宿等新型业态。用户通过平台认购农场并成为会员以后，艾米共享农场将与会员直接对接，为其配置种植、服务和社区服务管家，会员享有随时带家人朋友到自己农场做客，共同参与水稻种植过程，并且无需关注农田和农家小院的日常管理，就能成功拥有现代都市农场。

截止到2017年，艾米先后在广州从化、清远、增城打造完成三个标准化的试验农场，独创艾米共享农场六大标准配置，全面接受全国农田方土地托管，打造建成艾米共享农场。有效地激活乡村低效利用土地，让城市家庭获得传统的生态营养胚芽米，圆农场主田园梦，恢复乡村生态、绿色与活力，带动乡村致富。大致情况如图7.1至图7.4所示。

（a）整修之前的荒废农田

（b）整修之后的共享农场

图7.1　从闲置农田到艾米共享农场

（a）在田间放养1500只鸭子吃虫吃草、通风施肥

（b）放养几十万只赤眼蜂，以虫治虫

图7.2　艾米共享农场的有机种植模式

图7.3 艾米三大共享农场

图7.4 艾米会微信商城的产品销售情况

图 7.4（续）　艾米会微信商城的产品销售情况

在艾米，想拥有属于自己的共享农场，也十分简单。消费者可通过公众号"艾米会"，每月仅需400元，就能轻松成为农场主，收获一年的定制健康主粮，和城市家庭一起共同拥有一个农场。同时，拥有属于自己专属的种植管家和生活接待管家，为您打理共享农场的日常管理。

分析与建议　艾米共享农场属于典型的农业分享经济，它创新了绿色大米的生产销售模式，也证明了分享经济能够促进绿色农产品市场发展。艾米共享农场成功实现了土地所有权与使用权的分离，实现了土地的高效利用，激活并利用了闲置土地，同时满足消费者体验；在定制模式情形下，先定后制，理论上能保障企业销售，实现无库存生产。但是，这种定制农业也有它的弊端，由于定价较高(免费配送的艾米会有机稻米价格为20元/斤，如果多数消费者没有时间开展远距离的乡村游，相对来说，其绿色大米的定价偏高)，它只能针对高薪中产阶级，最终导致客户比较分散，会出现共享农场配送成本过高问题。同时，还是由于这种针对高收入中产阶级客户的定制农业模式，最终难以形成大市场，此局限性是艾米共享农场无法避免的。如果艾米会现行运行模式的盈利性差，艾米会是否需要应用分享经济理论，降低消费者入会成本，快速扩大共享农场的市场容量和交易规模，通过以平台商联合为主的融资交易，实现用户资本化的有效补偿，这有待评估。

7.2　恒大兴安绿色粮油品牌发展案例

轰动一时的恒大兴安，恒大集团斥巨资进军绿色农产品市场。

2014年8月28日，恒大集团推出恒大有机大米、绿色大米、绿色菜籽油、有机大豆油、绿色大豆油和有机杂粮等绿色农产品，并宣布还计划投资1000亿，在大兴安岭生态圈打造恒大粮油、恒大乳业，以及恒大畜牧业。

2015年3月31日，恒大集团对外宣布，三年之内将旗下的矿泉水、粮油、乳业、健康产业陆续在香港分拆上市。之后，恒大集团在中央电视台黄金时间段花重金对恒大兴安粮油做了大量广告，同时在全国各大超市展开营销，然而由于信任问题和过高定价，导致销售不理想。

2016年9月28日，恒大集团公告退出其他行业，集中精力做房地产，旗下的粮油、乳业、矿泉水资产以总代价27亿元出售。依据恒大方面公布的信息，截止到2016年8月31日，恒大粮油、乳业及矿泉水集团公司的未经审核净负债约为33亿元[①]。最终，深圳涞涞涞实业有限公司以6亿元的价格购买了恒大粮油及相关业务，双方协议称，恒大同意粮油集团公司于交割日后有"恒大兴安"商标5年的使用权，以及"恒大"字样在公司名称里可以继续使用。

恒大多元化进军农业领域失败，并出售其农业分公司并不令人意外。恒大高举高打进军粮油市场，采取高端路线，但其高产品定价让业内人惊叹。2016年初，500毫升玻璃瓶装的恒大兴安绿色菜籽油定价为21元/瓶，500毫升玻璃瓶装的恒大兴安绿色大豆油定价为30元/瓶，1公斤纸盒装的恒大兴安绿色大米定价为26元/盒，产品定价均高出市场主流普通产品价格许多，其中绿色大米价格是普通大米的4倍左右。

粮油生产与销售，是一个讲究专业技术和服务的行业。行业人士指出，恒大借助和依仗过去在房地产野蛮的成长经验和自恃过高的钱财，一开始就注定了失败的结果。[②] 作为食品安全型信任品，恒大在粮油产品广告宣传上做了大量投入，有效地提升了产品知名度，但是其广告只是部分减少了产品信息不对称，没能改变消费者对恒大绿色粮油产品与普通粮油产品的差异的深层次认知，不能进一步提升消费者对恒大兴安粮油产品绿色的信任度。同时，恒大集团过高的粮油产品定价没有充分考虑价格也是影响消费者信任的一大关键因素，因为无法识别粮油产品是否绿色，即使消费完成后也无法确认，因此，粮油高价格意味着高风险。

粮油做绿色有机产品其实并不是没机会，粮油行业是一个具备刚性需求的巨大市场有着更多的机会和空间。只是恒大集团稍有些傲慢，了解和接触粮

---

① 资料来源：恒大6亿出售粮油业务 套用卖房子模式引深思，http://news.hexun.com/2016-09-28/186231647.html。

② 资料来源：恒大粮油嫁接卖房子模式受挫 快消套路深，http://money.163.com/16/0929/07/C245SAA3002580S6.html。

油市场的时间不够，如果真的具备专业精通和运营能力，高调可能更有利于创立品牌。另外，粮油行业从业者虽不少，但真正精通绿色粮油产品市场的高级管理者却寥寥无几。

深圳涞涞涞实业有限公司接手恒大兴安后，开始增加非绿色的优质粮油产品供给，并大力借助电子商务平台和APP开展网上销售，截至2018年9月18日的销售情况如图7.5和图7.6所示，从销售数据来看，销售非常低迷。

图7.5 天猫电商平台中的恒大兴安官方旗舰店销售情况

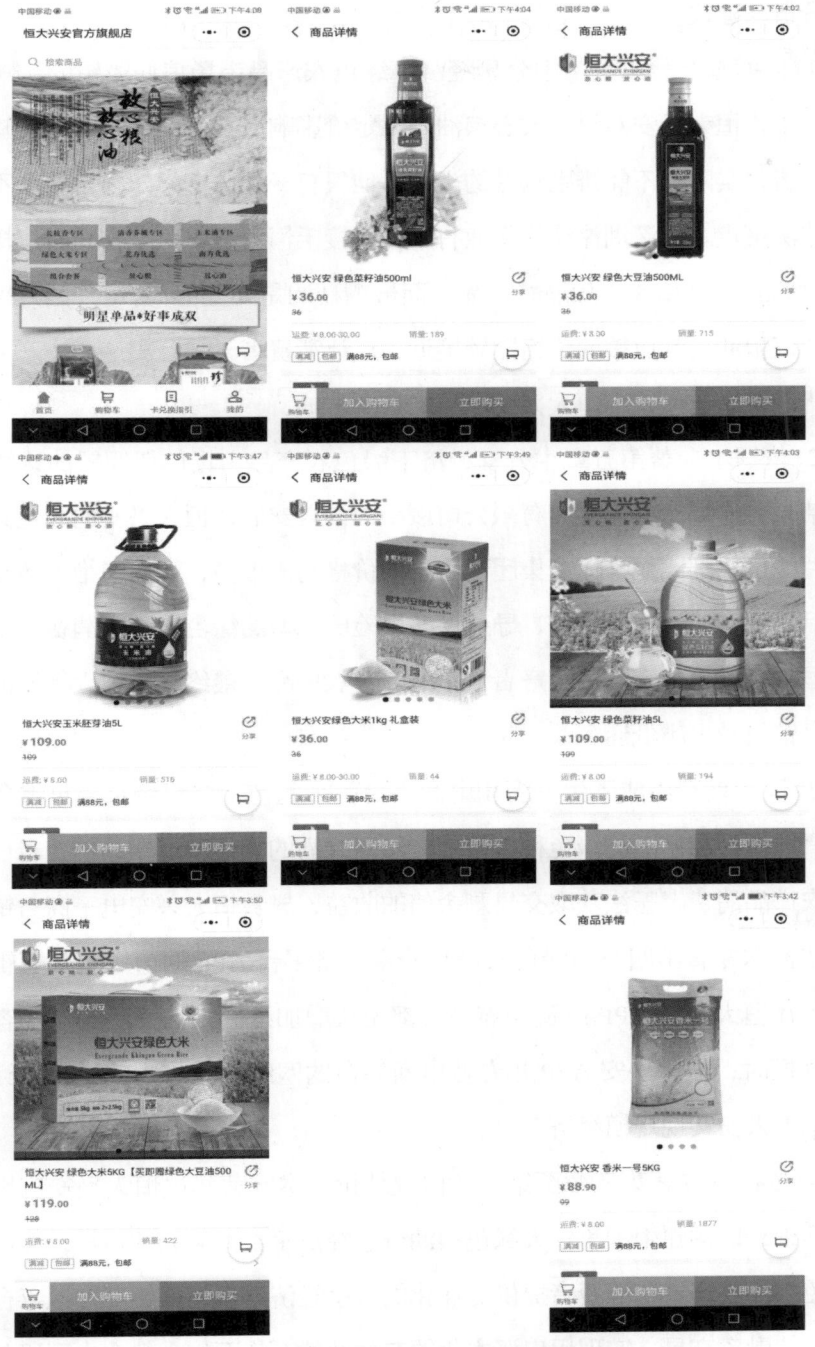

图7.6 恒大兴安 APP 放心粮油馆销售情况

分析与建议：

（1）依据本专著第五章中分享经济下绿色农产品市场信任逻辑的认知博弈分析结果，恒大兴安对绿色放心粮油产品定价影响消费者信任的认知不够。作为生产者，实际上不能辨别顾客的类型，他只有一个信息集，内含两个不能区分开的决策点。在深圳涞涞涞实业有限公司接手恒大兴安后，它同时选择生产绿色(高质)产品和放心(低质)产品。而最糟糕的是如图7.5所示，恒大兴安的绿色认证粮油与其放粮油价格比较接近，这让消费者无法分离这两类产品，最终干扰消费者信任整个恒大兴安产品的信念形成。

（2）依据本专著第五章中分享经济下绿色农产品市场信任逻辑的认知博弈分析结果，深圳涞涞涞实业有限公司接手恒大兴安后，恒大兴安的绿色菜籽油和大豆油价格都比原来恒大集团经营时的价格高出很多，超出了绝大多数绿色农产品消费者的保留价定 H，导致许多风险厌恶型的绿色农产品消费者不愿意信任恒大兴安，放弃购买生产者生产的绿色农产品，最终导致恒大兴安的绿色农产品销售越来越低迷。

（3）恒大兴安集成了生产者和电商平台两个角色，并已经掌控足够多的具备生产绿色粮油产品的绿色种植基地，然而过高的定价和过低的消费者信任使绿色农产品消费者无法获取交易剩余值的收益，导致恒大兴安电子商务销售低迷。依据本专著第四章中绿色农产品分享经济平台 APP 的市场有效逻辑解析结果，在恒大兴安 APP 以及天猫平台都无法增加绿色粮油产品的市场容量和交易规模时，恒大兴安 APP 和专业电商平台的网络效应将不明显，最终无法推进恒大兴安实现规模经济。

（4）依据本专著第三章至第六章研究结论，本专著建议恒大兴安应用分享经济理论，以构建中国第一大绿色粮油分享经济平台为努力的目标，专门为国内绿色粮油生产者和消费者提供专业化的分享经济平台，最终通过以平台商联合为主的融资交易，实现用户资本化的有效补偿，从而扩大整个中国绿色粮油产品的市场容量和交易规模。

7.3　湘潭市俏仙女农牧公司绿色基地发展案例

湘潭市俏仙女农牧公司成立于2016年1月，由湘潭市仙女蔬菜产销专业合作社（2011年成立）、湘潭市俏仙女农机专业合作社、湘潭市俏仙女农庄、湘潭市雨湖区司马养殖专业合作社整合升级而来，注册资金500万元。通过7年的建设，公司已经流转土地800余亩（1亩≈666.67平方米），拥有19个"三品一标"产品，"雨芙"和"俏仙女"2个注册商标，建有标准塑料大棚、水肥一体管道、基地办公用房和仓库、冷库以及土法喂养的生态猪场、鱼塘等农业设施。购买了各类中小型农机具等，固定设施投入900多万元。该公司提出全心全意为消费者提供绿色、安全、健康的农产品，坚定做"两型社会"忠实的践行者，"美丽乡村"的建设者；致力于绿色、循环农业的发展，努力成为长株潭乃至湖南省绿色食品的配送示范者与榜样。公司具体情况如图7.7至图7.10所示。

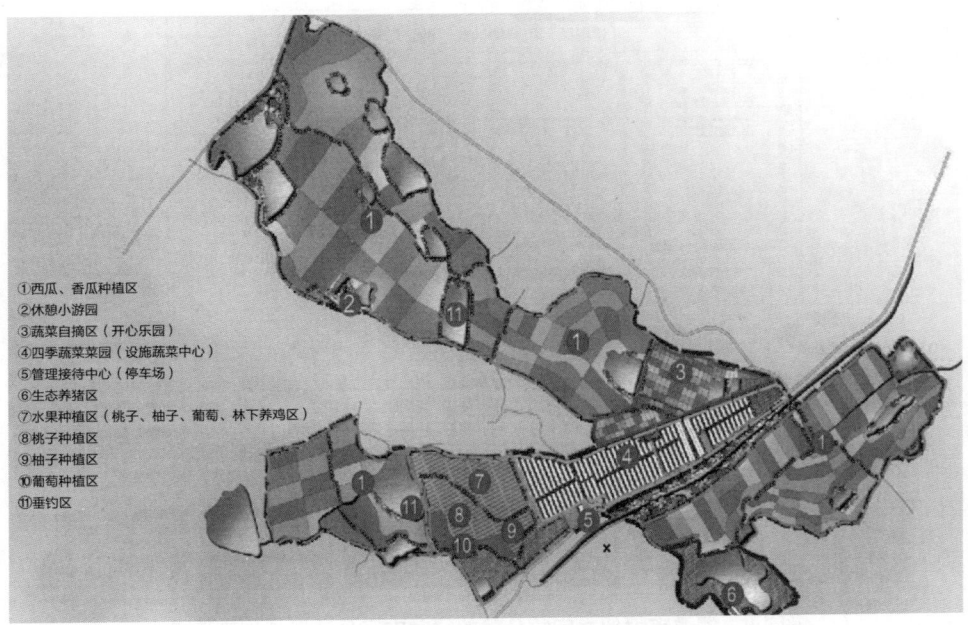

①西瓜、香瓜种植区
②休憩小游园
③蔬菜自摘区（开心乐园）
④四季蔬菜菜园（设施蔬菜中心）
⑤管理接待中心（停车场）
⑥生态养猪场
⑦水果种植区（桃子、柚子、葡萄、林下养鸡区）
⑧桃子种植区
⑨柚子种植区
⑩葡萄种植区
⑪垂钓区

图　7.7　湘潭市俏仙女农牧公司生产基地项目规划图

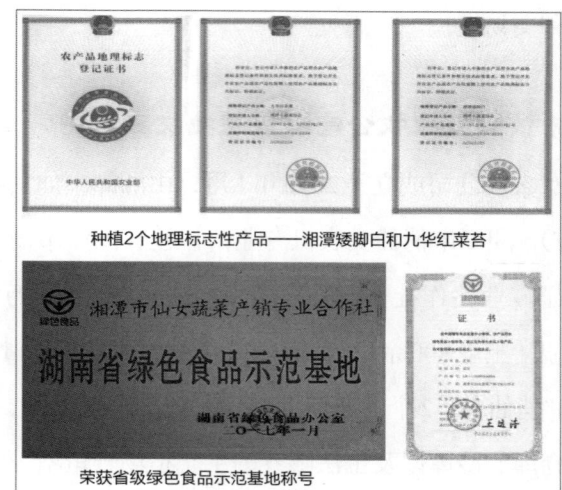

种植2个地理标志性产品——湘潭矮脚白和九华红菜苔

荣获省级绿色食品示范基地称号

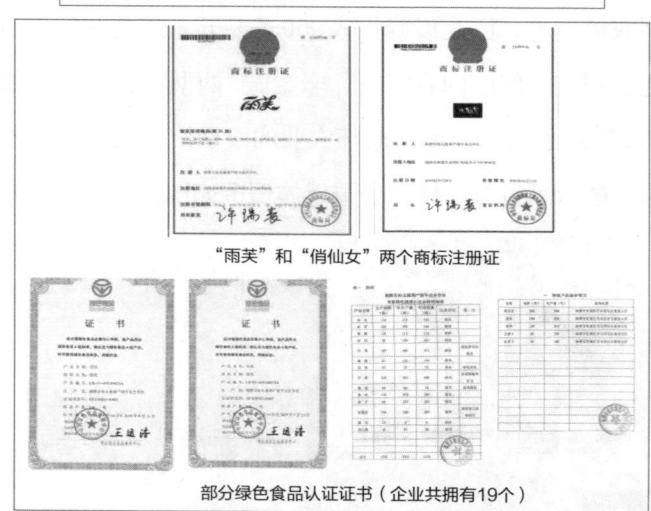

"雨芙"和"俏仙女"两个商标注册证

部分绿色食品认证证书（企业共拥有19个）

图7.8 湘潭市俏仙女农牧公司的绿色农产品认证与生产情况

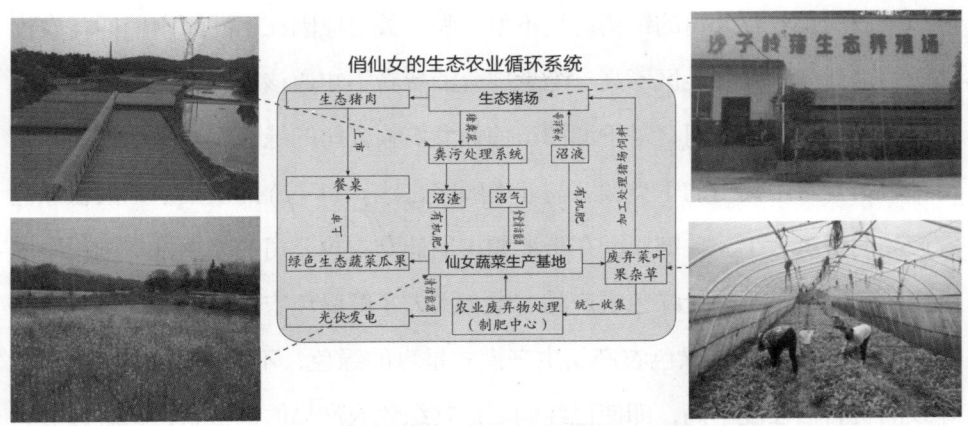

图7.9　湘潭市俏仙女农牧公司的生态农业循环系统

图7.10　湘潭市俏仙女农牧公司的绿色农产品销售模式

分析与建议：

(1)依据本专著第五章中分享经济下绿色农产品市场信任逻辑的认知博弈分析结果，同时参照目前湘潭市场中各类蔬菜的销售价格，湘潭市俏仙女农牧公司的绿色农产品定价应该与最优定价 $(H-\varepsilon)$ 比较接近。销售渠道方面，同时采用了单位订单、实体门店销售、微店销售和微信群订单等模式，但为什么湘潭市俏仙女农牧公司的销售还是不景气呢？关键原因在于湘潭市俏仙女农牧公司的声誉在长株潭地区不高，绝大部分消费者不知道该公司，知道该公司的也不是完全了解该公司，对于湘潭市俏仙女农牧公司的绿色农产品来说，导致本专著第五章中提出的Ⅰ类顾客与Ⅱ类顾客之比 $p:(1-p)$ 的值太小，潜在绿色农产品消费者太少。关键原因在于湘潭市俏仙女农牧公司的市场推广过程中未考虑认知问题，不能让绿色农产品需求者深入了解绿色农产品与非绿色农产品的差异性，认识到其绿色农产品生产模式是真的绿色，不存在任何欺骗行为，导致消费者信任度不高，即使已经购买过其绿色农产品的消费者，也难以成为其长期合作伙伴，无法实现本专著第六章提出的稳定的多方联盟。最终结果是湘潭市俏仙女农牧公司无法实现规模经济，运营成本过高，亏损成为常态，依靠政府扶持勉强生存和发展。

（2）依据本专著第五章和第六章的研究结论，本专著建议湘潭市俏仙女农牧公司通过各种方式让长株潭地区的潜在绿色农产品消费者深入认识绿色农产品，针对潜在绿色农产品消费者集中的区域大力开展营销工作，让消费者群体深入认识湘潭市俏仙女农牧公司的整体运行，以及各个生产环节信息，最终提升消费者对湘潭市俏仙女农牧公司的信任度以及合作意愿。同时，加强与长株潭地区各企事业单位职工食堂、学生食堂的合作，通过联盟扩大俏仙女农牧公司的交易规模，加速帮助其实现规模经济。未来有条件还可以尝试 CSA 分享经济，通过分享过程实现其绿色农产品市场扩展与"流量"。

7.4　本章小结

本章基于前面理论研究成果，分析了艾米会定制共享农场服务运营商发展、恒大兴安绿色粮油品牌发展、湘潭市俏仙女农牧公司绿色基地发展案例。最终得到以下结论：

（1）艾米定制共享农场服务运营商在全球首创共享农田模式，是典型的农业分享经济，创新了绿色农产品市场发展模式。艾米共享农场成功实现了土地所有权与使用权的分离，实现了土地的高效利用，激活并利用了闲置土地，同时满足消费者体验。但是，艾米会这种定制农业存在定价较高、客户群很小且比较分散问题，不容易实现规模经济，容易导致其生产运营成本过高，最终难以形成较大的绿色农产品市场。建议艾米会更进一步应用分享经济，降低消费者入会成本，快速扩大共享农场的市场容量和交易规模，通过以平台商联合为主的融资交易，实现用户资本化的有效补偿，最终形成较大规模的共享农场分享经济平台。

(2)恒大兴安在电商平台中没有严格区分绿色认证粮油与其放心粮油，消费者无法分离这两类产品，这会干扰消费者相信恒大兴安粮油产品是绿色粮油产品信念的形成，是其电商平台销售低迷的关键原因之一；恒大兴安粮油产品过高的定价超出了绝大多数绿色农产品消费者的保留价定，是导致其电商平台销售低迷的关键原因之二。以恒大兴安的品牌影响力，本专著建议恒大兴安应用分享经济，通过以平台商联合为主的融资交易，实现用户资本化的有效补偿，构建中国第一大绿色粮油电商平台。

(3)湘潭市俏仙女农牧公司的绿色农产品定价在理论上比较接近最优定价，但该公司没能让众多潜在的绿色农产品需求者认识并信任其绿色农产品生产模式，导致市场容量不够。本专著建议湘潭市俏仙女农牧公司针对长株潭地区内潜在绿色农产品消费者集中的区域大力开展营销工作，提升他们对湘潭市俏仙女农牧公司整个绿色农产品生产环节的信任度，从而提升他们的合作意愿。加强与长株潭地区各企事业单位职工食堂、学生食堂的合作，加速帮助其实现规模经济。甚至还可以通过分享经济实现其绿色农产品市场的扩展与"流量"。

第八章　研究结论与政策建议

8.1　研究结论

本专著基于新兴古典分工理论、市场发展理论、信任行为理论、认知博弈理论、合作博弈理论、DK 序贯互惠模型和分享经济理论等相关理论，应用文献研究方法、演绎分析方法、超边际分析方法、博弈论方法和案例研究法等，从理论层面剖析分享经济发生及演变的内在机理及其市场发展效应、绿色农产品分享经济平台 APP 的市场有效性逻辑、分享经济平台推动绿色农产品市场信任机制建立、分享经济平台推动绿色农产品市场合作机制建立，从分享经济视角分析中国绿色农产品市场发展相关案例。得到如下主要结论：

第一，分享经济是互联网时代参与主体利用网络分享平台，超越时空、所有权、隶属关系等限制，以利于变换所有者与使用者、生产者与消费者身份，扩展分工与合作秩序及方式，进而使资源尤其是闲置资源得到更加准确匹配和有效利用以提升网络生产力的经济模式与形态。

① 由于新兴古典分析框架假设切合分享经济的消费者与生产者身份融合、报酬递增和网络效应等特征，具有纳入不同研究视角(如基于信息对称性、交易成本、产权和知识经济等视角)的包容性，是比新古典经济学更适合分析分享经济的理论框架。

② 分享经济发生与演进的内在机理是基于分工网络效应与交易成本这一基本矛盾。移动互联网技术的高度发展与运用，交易效率不断地提高，极大地扩展了协调这一基本矛盾的张力、回旋余地与空间，一旦越过分享经济产生的门槛限制，将孕育出分享经济这一新模式、新形态，专业信息商从分工中独立出来，以及信息服务专门化、网络化是分享经济最重要的标志。

③ 随着交易效率不断地提高，不断地提升专业化水平，扩展分工网络，分享经济将促进平均劳动生产率提高、劳动力跨部门转移、市场容量扩大、人均真实收入增加，它们会形成正向经济反馈网络进一步推动经济发展，这正是分享经济的经济发展效应。

第二，APP 的所有者往往不在接入和获取信息环节收费，而在最后的商品买卖环节收费。这种收费界定产权的模式，既有利于扩展供求双方更自由选择、更自由供给、更个性定制的广度与深度，发挥规模效应与多样化经济效应，又不至于出现过度外部性问题而导致市场失灵。

① 产权动态化说明，在某一个或几个的免费，并不等于最终放弃它的产权及其收益，而是在综合权衡之后，确定在哪一个阶段收费更加合算。这在本质上是，节省界定产权的外生交易成本与节省产权界定不清引起内生交易成本之间两难冲突的折中决定了产权清晰程度，决定了在哪些环节免费、哪些环节收费。

② 通过用户资本化的创新定义，证明了用户资本化的价值法则和门槛法则，给出了现实中对 APP 用户补偿的基本逻辑。也正是用户资本化，使得产权动态化即使表现出某种程度的免费，仍然对其所有者具有经济意义。总之，分享经济中呈现出的免费现象，并不是市场失灵理论的失灵。正是分享经济的网络分工效应与基于用户资本化与产权动态化的外部性市场有效，使得新经济的生产者与消费者的角色转换更为灵活，能够极大地利用闲置资源、激发潜在消费，促进分享经济的发展。

第三，信任作为绿色农产品市场发展的关键前提条件，有待我们突破理性计算的局限性，从认知层面剖析绿色农产品市场的信任逻辑，以及分享经济对绿色农产品市场信任的影响机理。

① 基于理性计算的信任行为研究的局限性在于遗漏了关于损失收益认知、信念的逻辑，用参与人的主观期望效用简化了人类认知过程中交流、判断的复杂性逻辑，因此，信任逻辑研究应转向关于行为认知的心理学、语言学逻辑，即从理性计算转向认知博弈。

② 信任本质上就是一种信念，具有"环境 – 信念 – 行为"三者集成的、而非割裂的理论范式，即在一个博弈框架中，将行为环境、行为信念和行为均衡三个要素统一地刻画，并全面、恰当地体现在均衡的概念之中。信任关系是一种信念结构，它先于博弈过程、并在博弈过程中强化和改变。并且，信念结构是嵌入在博弈结构过程之中的。这是认知博弈的语言出现以后，人们才有的关于信任在人类社会行为中认识的新进展。然而，改变人们信念结构的信息，往往并非博弈格局的内部变量，而是一种外生变量，认知博弈的信念结构形成取决于进行一种关于外在信息的模糊计算(以此形成信念)和进行风险收益的效用计算。

③ 购买就意味着信任，消费者选择购买绿色农产品就意味着信任绿色农产品生产者。影响消费者选购绿色农产品和生产者选择生产绿色农产品的关键因素有 P 值(代表了整个市场中信任绿色农产品的消费者比例)、绿色产品的生产成本与售价。而绿色农产品分享经济平台对有效提升整个市场中信任绿色农产品的消费者比例、降低绿色产品的生产成本和帮助绿色农产品生产者实现最优定价等方面有着重要影响。

第四，平台型网络市场作为互联网时代下市场形态演进的全新形式，其信息搜寻成本较低、市场竞争程度较高，能够减少信息不对称，也符合市场治理学派预期的理想情境，已成为绿色农产品摆脱传统农产品市场"柠檬问题"

的重要出路，然而，"柠檬问题"在平台型网络市场同样存在。这需要绿色农产品供应链上的消费者、中间商和生产者合作，形成另外一个独立的绿色农产品平台型网络市场，才能有效地推动绿色农产品市场的形成与发展。

① 分享经济下多方联盟模式对绿色农产品市场发展有效。生产与消费是同一个问题的两个方面，绿色农产品市场的发展是由消费者和生产者共同决定的，而绿色农产品分享经济平台则是实现两者联盟的关键。

② 当绿色农产品生产者具有互惠动机，绿色农产品分享经济平台选择不提供全面服务时，绿色农产品生产者越倾向于选择不合作。

③ 绿色农产品分享经济平台选择提供全面服务时，绿色农产品生产者选择合作需要满足一个前提条件，即绿色农产品生产者通过绿色农产品供应链所节约的经营成本大于其交易中对绿色农产品分享经济平台的让利。

④ 绿色农产品分享经济平台可以通过设计绿色农产品供应链合作机制，帮助绿色农产品生产者实现规模经济，降低绿色农产品生产者经营成本，提高其选择合作的概率，实现绿色农产品分享经济平台与绿色农产品生产者之间互信合作共赢。

第五，通过中国现实生活中人们正在实践的绿色农产品发展个案，有利于我们透视分享经济对绿色农产品市场发展的影响，发现绿色农产品市场发展典型模式应用个案存在的问题。

① 艾米会的定制共享农场服务运营商是典型的农业分享经济，创新了绿色农产品市场发展模式，激活并利用了闲置土地，同时满足消费者体验。但是艾米会的定制农业模式主要面向高端小众客户，不容易实现规模经济，容易导致其生产运营成本过高，最终难以形成较大的绿色农产品市场。建议艾米会更进一步应用分享经济，通过以平台商联合为主的融资交易，实现用户资本化的有效补偿，最终形成较大规模的绿色大米市场。

② 恒大兴安在电商平台中没有严格区分绿色认证粮油与其放心粮油，消

费者无法分离这两类产品，这会干扰消费者相信恒大兴安粮油产品是绿色粮油产品信念的形成，是其电商平台销售低迷的关键原因之一；恒大兴安粮油产品过高的定价超出了绝大多数绿色农产品消费者的保留价定，是导致其电商平台销售低迷的关键原因之二。以恒大兴安的品牌影响力，恒大兴安具备应用分享经济理论，通过以平台商联合为主的融资交易，实现用户资本化的有效补偿，构建中国第一大绿色粮油电商平台的可能性。

③ 湘潭市俏仙女农牧公司的绿色农产品定价在理论上比较接近最优定价，但该公司没能让众多潜在的绿色农产品需求者认识并信任其绿色农产品生产模式，导致市场容量不够。还有待该公司针对长株潭地区内潜在绿色农产品消费者集中的区域大力开展营销工作，提升他们对湘潭市俏仙女农牧公司整个绿色农产品生产环节的信任度，从而提升他们的合作意愿。以及加强与长株潭地区各企事业单位职工食堂、学生食堂的合作，加速帮助其实现规模经济。

总之，从新兴古典经济学来看，专业化分工需要交换，从而形成网络，网络越大，人口规模就越大，市场容量就越大，报酬递增越显著，反过来进一步促进专业化水平和分工网络生产力的提高，但是，这一演化过程受制于交易成本的变化，因此信任与合作就显得尤为重要。而分享经济有利于降低交易成本，提高信任度，甚至在早期通过补贴消费者购买产品来加速市场形成，更容易促进社会分工与合作。因此，分享经济将成为绿色农产品市场发展的重要突破方向。

8.2　政策建议

基于上述一系列的理论分析和案例分析，本专著提出以下发展中国绿色农产品市场的政策建议：

(1)加强绿色农产品分享经济平台建设。中国地大物博，城市周边和偏远山区拥有大量具备绿色农产品生产能力的自然资源和劳动力，但由于缺乏信任和高交易成本，导致这类资源成为闲置资源。而随着中国智能手机的普及应用，以 APP 为工具和载体的新分享经济使得市场信息更加直接、充分，供需匹配更加灵活、准确，非常有效地降低了交易成本，提升绿色农产品消费者对绿色农产品生产者和电商平台的信任度，这不仅带来了协同消费、协同生产、协同金融、零工经济、点对点经济和使用权经济及对等分享现象，有助于以分享经济平台为核心的绿色农产品市场多方联盟的形成，并成功实现合作。因此，未来中国需要专门企业去建设与推广绿色农产品分享经济平台。中国政府也已经出台相应政策，国家发改委等八部门在 2017 年 7 月联合发布了《关于促进分享经济发展的指导性意见》。

（2）加强对绿色农产品分享经济平台以及其他绿色农产品电商平台的监管。已有研究表明"信任度是影响人们参与分享经济的关键因素"，而本专著研究同时指出分享经济平台可以推动绿色农产品市场信任机制的建立，这并不矛盾，这是一个相互作用的过程，分享经济通过一系列措施影响人们认知并最终不断提高其信任度，并最终提高人们的分享经济参与度。而这里需要形成共同信念，分享经济平台是重要的第三方保障机制，且能够实现各方利益诉求。2018 年 8 月 31 日，十三届全国人大会表决通过了《电子商务法》，该法将从 2019 年 1 月 1 日起施行，这将非常有利于整个社会对电子商务平台的信任。

（3）深化绿色农产品专业化分工，持续培育内生优势。通过绿色农产品专业化内生优势的不断培育，生产专业化有利于持续改进和提高绿色农产品质量，提高分享网络的信任度；绿色农产品交易服务专业化有利于进一步提升信息服务、物流服务、网络支付等国际竞争力。

（4）加强软硬件建设，持续降低绿色农产品交易成本。尽管我国在分享经济发展上走在世界前列，但是绿色农产品交易成本还有很大的下降空间，这需要，一方面加强互联互通的基础设施建设，降低绿色农产品的外生交易成本；另一方面通过深化改革，降低绿色农产品的制度性内生交易成本。

(5)支持共享农场的发展。定制共享农场服务运营商发展案例证明此模式具备一定可行性，政府可以从制度层面给予支持，共享农场发展的运作模式还是交给市场，由市场决定会更符合市场经济发展规律。海南省在这方面走在了全国前列，海南省人民政府在2017年7月25日就发表了《海南省人民政府关于以发展共享农庄为抓手建设美丽乡村的指导意见》[①]。

(6)加强对有机农业、绿色农业等生产模式的引导和管理，让消费者"信"。严格产品的认证标准和过程管理，加大市场监管力度，使消费者放心，稳步扩大生态和环境友好型农产品所占市场的比重。同时，让消费者认知绿色农产品的价值与无公害农产品和问题农产品之间的差别。

(7)通过政策和行政命令制造绿色农产品市场，如果单纯靠人们认知改变来发展绿色农产品市场将是一个漫长过程，幼儿园、大中小学对绿色农产品有着大量需求(这是中国强的关键，少年强则中国强，让孩子消费绿色农产品义不容辞)，同时学校、部队和企事业单位职工都有此需求。这需要上级部门以行政命令方式破解原有单位后勤部门利益格局，与全国单位定点扶贫项目对接，通过绿色农产品采购实现产业扶贫。

(8)建议当地政府发文，允许经过备案的绿色农产品基地能够进入当地各社区开展绿色农产品知识教育、基地宣传和绿色农产品推广，解决绿色农产品生产者宣传难问题，不断提高生产者对能准确辨别绿色农产品和非绿色农产品两种不同产品价值的 Ⅰ 类顾客占比的主观估计 p 值，最终有利于绿色农产品生产者与消费者形成共同信念。

---

① 文件下载地址：http://xxgk.hainan.gov.cn/hi/HI0101/201708/t20170803_2387144.htm。

参考文献

[1] Abbink K, Hennig-Schmidt H. Neutral versus loaded instructions in a bribery experiment[J]. Experimental Economics, 2006, 9(2):103-121.

[2] Akerlof G A. The market for "lemons" : Quality uncertainty and the market mechanism[J]. Quarterly Journal of Economics, 1970, 84(3):488-500.

[3] Alesina A, Baqir R, Easterly W. Public goods and ethnic divisions[J]. Policy Research Working Paper, 1999, 114(4):1243-1284.

[4] Alesina A, Ferrara E L. Ethnic diversity and economic performance[J]. Journal of Economic Literature, 2005, 43(3):762-800.

[5] Allen D, Berg C. The sharing economy: How over-regulation could destroy an economic revolution[J]. Fast Company, 2014, 5(11):24-28.

[6] Anscombe F J, Aumann R J. A definition of subjective probability[J]. Annals of Mathematical Statistics, 1963, 34(1):199-205.

[7] Aoki M. Understanding Douglass North in game-theoretic language[J]. Structural Change & Economic Dynamics, 2010, 21(2):139-146.

[8] Argyropoulos C, Tsiafouli M A, Sgardelis S P, et al. Organic farming without organic products[J]. Land Use Policy, 2013, 32(3):324-328.

[9] Arrow K J. Gifts and exchanges[J]. Philosophy & Public Affairs, 1972, 1(4): 343−362.

[10] Aumann R J, Brandenburger A. Epistemic conditions for Nash equilibrium[J]. Econometrica, 1995, 63(5):1161−1180.

[11] Axelrod, R. The evolution of cooperation [M]. New York: Basic Books, 1984.

[12] Bardhi F, Eckhardt G M. Access−based consumption: The case of car sharing[J]. Journal of Consumer Research, 2012, 39(4): 881−898.

[13] Barnes S J, Mattsson J. Understanding current and future issues in collaborative consumption: A four−stage delphi study[J]. Technological Forecasting & Social Change, 2016, 104:200−211.

[14] Batson C D, Moran T. Empathy−induced altruism in a prisoner's dilemma.[J]. European Journal of Social Psychology, 1999, 29(7):909−924.

[15] Battigalli P, Siniscalchi M. Strong belief and forward induction reasoning[J]. Journal of Economic Theory, 2002, 106(2):356−391.

[16] Belk R. You are what you can access: Sharing and collaborative consumption online[J]. Journal of Business Research, 2014, 67(8): 1595−1600.

[17] Benkler Y. Sharing nicely: On shareable goods and the emergence of sharing as a modality of economic production[J]. Yale Law Journal, 2004, 114(2):273−358.

[18] Benz M, Meier S. Do people behave in experiments as in the field? Evidence from donations[J]. Experimental Economics, 2008, 11(3):268–281.

[19] Berg J, Dickhaut J, MccabetK. Trust, reciprocity, and social history[J]. Games and Economic Behavior, 1995, 10(1):122−142.

[20] Bernheim B D. Rationalizable strategic behavior[J]. Econometrica, 1984, 52

(4):1007-1028.

[21] Beugelsdijk S, De Groot H L F, Van Schaik A B T M. Trust and economic growth[J]. Tinbergen Institute Discussion Papers, 2002, 56(1):118-134.

[22] Binmore K, Shaked A. Experimental economics: Where next?[J]. Journal of Economic Behavior & Organization, 2010, 73(1):120-121.

[23] Borland J, Yang X. Specialization and a new approach to economic organization and growth[J]. American Economic Review, 1992, 82(2):386-391.

[24] Botsman R, Rogers R. What's mine is yours: how collaborative consumption is changing the way we live[M]. New York: Harper Business, 2010.

[25] Botsman R. The sharing economy lacks a shared definition[EB/OL]. http://www.fastcoexist.com/ -3022028/the-sharing-economy-lacks-a-shared-definition, 2013-11-21.

[26] Boudon R. Limitations of rational choice theory[J]. American Journal of Sociology, 1998, 104(3): 817-828.

[27] Brandenburger A, Stuart H. Biform games[J]. Management Science, 2007, 53(4):537-549.

[28] Brandenburger A. The language of game theory: Putting epistemics into the mathematics of games[M]. World Scientific, 2014.

[29] Brown C, Miller S. The impacts of local markets: A review of research on farmers markets and community supported agriculture (CSA)[J]. American Journal of Agricultural Economics, 2008, 90(5):1296-1302.

[30] Bucher E, Fieseler C, Lutz C. What's mine is yours (for a nominal fee)-Exploring the spectrum of utilitarian to altruistic motives for Internet-mediated sharing[J]. Computers in Human Behavior, 2016, 62:316-326.

[31] Burkhart R E, Lewis-Beck M S. Comparative democracy: The economic development thesis[J]. American Political Science Review, 1994, 88(4):903-910.

[32] Burt R S, Knez M. Kinds of third-party effects on trust[J]. Rationality & Society, 1995, 7(3):255-292.

[33] Butler J K. Toward understanding and measuring conditions of trust: Evolution of a conditions of trust inventory[J]. Journal of Management, 1991, 17(3):643-663.

[34] Camerer C F, Ho T H, Chong J K, et al. Strategic teaching and equilibrium models of repeated trust and entry games[J]. Levines Bibliography, 2003, 55(2):340-371.

[35] Chang J. eBay: Towards a perfectly competitive market[J]. International Journal of Economics & Business Research, 2010, 9(3):65-70.

[36] Cheng M. Sharing economy:a review and agenda for future research[J]. International Journal of Hospitality Management, 2016, 57:60-70.

[37] Coase R H. The nature of the firm[J]. Economica, 1937, 4:386-405.

[38] Coleman J S. Foundations of social theory [M]. Cambridge, MA: Harvard University Press, 1990.

[39] Constantinides E, Fountain S J. Web 2.0: Conceptual foundations and marketing issues[J]. Journal of Direct Data & Digital Marketing Practice, 2008, 9(3): 231-244.

[40] Cosmides L, Tooby J. Cognitive adaptations for social exchange[J]. Adapted Mind Evolutionary Psychology & the Generation of Culture, 1992:163-228.

[41] Cox J C. How to identify trust and reciprocity[J]. Games & Economic Behavior, 2004, 46(2):260-281.

[42] Darby M R, Karni E. Free competition and the optimal amount of fraud[J]. Journal of Law & Economics, 1973, 16(1):67-88.

[43] Deng M, Xiang G, Yao S. The effectiveness of the multilateral coalition to develop a green agricultural products market in china based on a TU cooperative game analysis[J]. Sustainability, 2018, 10:1-17.

[44] Dervojeda K, Verzijl D, Nagtegaal F, et al. The sharing economy: Accessibility based business models for peer-to-peer markets[R]. European Commission Business Innovation Observatory, 2013.

[45] Deutsch M. Trust and suspicion[J]. Journal of Conflict Resolution, 1958, 2(4): 265-279.

[46] Dietrich F, List C. Where do preferences come from?[J]. International Journal of Game Theory, 2013, 42(3):613-637.

[47] Doney P M, Barry J M, Abratt R. Trust determinants and outcomes in global B2B services[J]. European Journal of Marketing, 2013, 41(9/10):1096-1116.

[48] Dufwenberg M, Kirchsteiger G. A theory of sequential reciprocity[J]. Games & Economic Behavior, 2004, 47(2):268-298.

[49] Easterly W, Levine R. Africa's growth tragedy: policies and ethnic divisions [J]. Quarterly Journal of Economics, 1997, 112(4):1203-1250.

[50] Edbring E G, Lehner M, Mont O. Exploring consumer attitudes to alternative models of consumption: motivations and barriers[J]. Journal of Cleaner Production, 2016, 123:5-15.

[51] Ellingsen T, Johannesson M, Mollerstrom J, et al. Social framing effects: Preferences or beliefs?[J]. Games & Economic Behavior, 2012, 76(1):117-130.

[52] Ellsberg D. Risk, ambiguity, and the savage axioms[J]. Quarterly Journal of Economics, 1961, 75(4):643-669.

[53] Etzioni A. The moral dimension: towards a new economics[M]. New York: Free Press, 1988.

[54] Fagin R, Halpern J Y, Vardi M Y. A nonstandard approach to the logical omniscience problem[C]// Conference on Theoretical Aspects of Reasoning about Knowledge. Morgan Kaufmann Publishers Inc. 1995:41-55.

[55] Feagan R, Henderson A. Devon Acres CSA: Local struggles in a global food system[J]. Agriculture & Human Values, 2009, 26(3):203-217.

[56] Fehr E, Gächter S, Kirchsteiger G. Reciprocal fairness and noncompensating wage differentials[J]. Journal of Institutional & Theoretical Economics, 1996, 152(4):608-640.

[57] Forsythe R, Horowitz J L, Savin N E, Sefton M. Fairness in simple bargaining experiments[J]. Games & Economic Behavior, 1994, 6(3):347-369.

[58] Fremstad A. Sticky norms, endogenous preferences, and shareable goods[J]. Review of Social Economy, 2016, 74(2):194-214.

[59] Fukuyama F. Trust : social virtues and the creation of prosperity[M]. New York: Free Press,1995.

[60] Gansky L. The mesh: Why the future of business is sharing[M]. Portfolio Trade, 2012.

[61] Glaeser E L, Laibson D I, Scheinkman J A, et al. Measuring trust[J]. Quarter Journal of Economics, 2000, 115(3):811-846.

[62] Goldman A I. Group knowledge versus group rationality: Two approaches to social epistemology[J]. Episteme, 2004, 1(1):11-22.

[63] Granovetter M. Economic action and social structure: The problem of embeddedness.[J]. American Journal of Sociology, 1985, 91(3):481-510.

[64] Greif A. Cultural beliefs and the organization of society: A historical and theoretical reflection on collectivist and individualist societies[J]. Journal of Political Economy, 1994, 102(5):912-950.

[65] Groh T, Mcfadden S. Farms of tomorrow revisited: community supported farms-farm supported communities.[M]. Bio-dynamic Farming & Gardening Association Inc.,U.S., 1997.

[66] Grossman S J, Hart O D. The costs and benefits of ownership: A theory of vertical and lateral integration[J]. Journal of Political Economy, 1986, 94(4): 691-719.

[67] Grossman G M, Helpman E. Outsourcing versus FDI in industry equilibrium[J]. Journal of the European Economic Association, 2003, 1(2/3):317-327.

[68] Gulati A, He L, Fang W, et al. Adverse selection for luxury goods in online auctions[J]. Journal of Internet Commerce, 2009, 8(3):268-287.

[69] Hahn S. The advertising of credence goods as a signal of product quality[J]. Manchester School, 2004, 72(1):50-59.

[70] Hands D W. Social epistemology meets the invisible hand: Kitcher on the advancement of science[J]. Dialogue, 1995, 34(3):605-622.

[71] Hands D W. Caveat emptor: Economics and contemporary philosophy of science[J]. Philosophy of Science, 1997, 64:107-116.

[72] Hardin R. The street-level epistemology of trust[J]. Politics & Society, 1993, 21(4), 505-529.

[73] Hardin R. Trust and trustworthiness[M].New York:Russell Sage Foundation,

2004.

[74] Hart O, Moore J. Incomplete contracts and renegotiation[J]. Econometrica, 1988, 56(4): 755-785.

[75] Hart O. Firms, contracts, and financial structure[M]. Oxford University Press, 1995.

[76] Hayek F A. The use of knowledge in society[J]. American Economic Review, 1945, 35(4):519-530.

[77] Hayek F A. Studies in philosophy, politics and economics[M]. The University of Chicago Press. 1967.

[78] Henderson E, Van En R. Sharing the harvest : A citizen's guide to community supported agriculture[M]. Chelsea green Publishing, 2007.

[79] Hintikka J. Game-theoretical semantics as a challenge to proof theory[J]. Nordic Journal of Philosophical Logic, 1999, 4(2):127-141.

[80] Hirsch F. Social limits to growth[J]. Economic Analysis & Policy, 1977, 7(1): 60-67.

[81] Holm H J, Danielson A. Tropic trust versus nordic trust: Experimental evidence from Tanzania And Sweden[J]. Economic Journal, 2005, 115(503):505-532.

[82] Huang X, Song Y, Li M, et al. A high-resolution ammonia emission inventory in China[J]. Global Biogeochemical Cycles,2012, 26(1):1-14.

[83] Hodgson G M. Darwinism in economics: from analogy to ontology[J]. Journal of Evolutionary Economics, 2002, 12(3):259-281.

[84] Hodgson G M. Meanings of methodological individualism[J]. Journal of Economic Methodology, 2007, 14(2):211-226.

[85] Hudík M. A preference change or a perception change? A comment on Dietrich

and List[J]. International Journal of Game Theory, 2015, 44(2):425-431.

[86] Johnsongeorge C, Swap W C. Measurement of specific interpersonal trust: Construction and validation of a scale to assess trust in a specific other[J]. Journal of Personality & Social Psychology, 1982, 43(6):1306-1317.

[87] Kant I. Foundations of the metaphysics of morals[R]. Cambridge Texts in the History of Philosophy, 1986.

[88] Kathan W, Matzler K, Veider V. The sharing economy: Your business model's friend or foe?[J]. Business Horizons, 2016, 59(6):663-672.

[89] Kay A C, Ross L. The perceptual push: The interplay of implicit cues and explicit situational construals on behavioral intentions in the Prisoner's Dilemma[J]. Journal of Experimental Social Psychology, 2003, 39(6):634-643.

[90] Knack S, Keefer P. Institutions and economic performance: Cross-country tests using alternative institutional measures[J]. Economics & Politics, 1995, 7(3):207-227.

[91] Kneale M, Hayek F A. The sensory order[J]. Philosophical Quarterly, 1954:189.

[92] Kramer R M. Organizational trust: A reader[M]. Oxford University Press on Demand, 2006.

[93] Kreps D M, Milgrom P, Roberts J, et al. Rational cooperation in the finitely repeated prisoners' dilemma[J]. Journal of Economic Theory, 1993, 103(418): 570-585.

[94] Kreps D M, Wilson R. Reputation and imperfect information[J]. Journal of Economic Theory, 1999, 27(2):253-279.

[95] Krueger F, Mccabe K, Moll J, et al. Neural correlates of trust[J]. Proceedings of the National Academy of Sciences, 2007, 104(50):20084-20089.

[96] Kogut B, Zander U. Knowledge of the firm, combinative capabilities, and the replication of technology[J]. Organization Science, 1992, 3(3):383-397.

[97] Kuo F, Yu C. An exploratory study of trust dynamics in work-oriented virtual teams[J]. Journal of Computer-mediated Communication, 2009, 14(4):823-854.

[98] Lamberton C P, Rose R L. When is ours better than mine?A framework for understanding and sharing systems[J]. Social Science Electronic Publishing, 2012, 76(4):109-125.

[99] Lawson S J. Transumers: Motivations of non-ownership consumption.[J]. Advances in Consumer Research - North American Conference Proceedings, 2010,37(3):842-843.

[100] Lawson S J, Gleim M R, Perren R, et al. Freedom from ownership: An exploration of access-based consumption[J]. Journal of Business Research, 2016, 69(8):2615-2623.

[101] Levin J. The Dynamics of collective reputation[J]. B.e.journal of Theoretical Economics, 2009, 9(1):27-27.

[102] Lewis D K. Convention: a philosophical study[J]. Convention A Philosophical Study, 1969, 11(2):14-15.

[103] Lewis G. Asymmetric information, adverse selection and online disclosure: The case of eBay motors[J]. American Economic Review, 2011, 101(4):1535-1546.

[104] Liberman V, Samuels S M, Ross L. The name of the game: predictive power of reputations versus situational labels in determining prisoner's dilemma game moves[J]. Pers Soc Psychol Bull, 2004, 30(9):1175-1185.

[105] Liu X, Zhang Y, Han W, et al. Enhanced nitrogen deposition over China.[J].

Nature, 2013, 494(7438):459-462.

[106] Lovelock C, Gummesson E. Whither services marketing?[J]. Journal of Service Research, 2004, 7:20-41.

[107] Luhmann, N. Trust and power [M]. New York: John Wiley, 1979.

[108] Luhmann N. Familiarity, confidence, trust : Problems and alternatives[R]. Trust Making & Peaking Cooperative Relations, 2000.

[109] Marwell R, Ames G. Experiments on the provision of public goods: Resources, interest,group size and the free rider problem[J]. American Journal of Sociology, 1979, 84(6):1335-1360.

[110] Mayer R C, Davis J H, Schoorman F D. An integrative model of organizational trust[J]. Academy of Management Review, 1995, 20(3):709-734.

[111] McCluskey J J. A game theoretic approach to organic foods: An analysis of asymmetric information and policy[J]. Agricultural and Resource Economics Review, 2000, 29(1): 1-9.

[112] Mirowski P. The economic consequences of Philip Kitcher[J]. Social Epistemology, 1996, 10(2):153-169.

[113] Mishra A K. Organizational responses to crisis: the centrality of trust[C]. Trust in organizations: frontiers of theory and research, 1996:261-287

[114] Mojduszka E M, Caswell J A. A test of nutritional quality signaling in food markets prior to implementation of mandatory labeling[J]. American Journal of Agricultural Economics, 2000, 82(2):298-309.

[115] Moretto G, Sellitto M, di Pellegrino G. Investment and repayment in a trust game after ventromedial prefrontal damage[J]. Frontiers in human neuroscience, 2013, 7: 593.

[116] Möhlmann M. Collaborative consumption: determinants of satisfaction and the likelihood of using a sharing economy option again[J]. Journal of Consumer Behaviour, 2015, 14(3):193-207.

[117] Nelson P. Information and consumer behavior[J]. Journal of Political Economy, 1970, 78(2):311-329.

[118] North D C. Understanding the Process of Economic Change[M]. Princeton University Press, 2005.

[119] O'Hara S U, Stagl S. Global food markets and their local alternatives: A socio-ecological economic perspective[J]. Population & Environment, 2001, 22(6): 533-554.

[120] Ostrom E, Walker J. Trust and reciprocity: Interdisciplinary lessons from experimental research[J]. Contemporary Sociology, 2003, 33(4):493-494.

[121] Parkhe A. Building trust in international alliances[J]. Journal of World Business, 1998, 33(4):417-437.

[122] Pearce D G. Rationalizable strategic behavior and the problem of perfection. [J]. Econometrica,1984, 52(4):1029-1050.

[123] Penrose E. Theory of the growth of the firm[J]. Journal of the Operational Research Society, 1959, 23(2):240-241.

[124] Philip H E, Ozanne L K, Ballantine P W. Examining temporary disposition and acquisition in peer-to-peer renting[J]. Journal of Marketing Management, 2015, 31(11-12):1310-1332.

[125] Pinder R, Dennis R, Bhave P. Observable indicators of the sensitivity of PM2.5 nitrate to emission reductions - Part I: Derivation of the adjusted gas ratio and applicability at regulatory-relevant time scales[J]. Atmospheric

Environment, 2008, 42(6):1275-1286.

[126] Prahalad C, Hamel G. The core competence of the corporation[J]. Harvard Business Review, 1990, 68(3):275-292.

[127] Putnam R D, Leonardi R, Nanetti R Y. Making democracy work [M]. Princeton: Princeton University Press, 1993.

[128] Rabin M. Incorporating fairness into game theory and economics[C]. University of California at Berkeley, 1992, 87(4):1281-1302.

[129] Richard B, Cleveland S. The future of hotel chains: Branded marketplaces driven by the sharing economy[J]. Journal of Vacation Marketing, 2016, 22(3): 239-248.

[130] Richardson G B.The organization of industry[J]. Economic Journal, 1972, 82: 883-896.

[131] Robinson S L, Rousseau D M. Violating the psychological contract: Not the exception but the norm[J]. Journal of Organizational Behavior, 1994, 15(3): 245-259.

[132] Robinson S L. Trust and breach of the psychological contract[J]. Administrative Science Quarterly, 1996, 41(4):574-599.

[133] Roe B, Sheldon I. Credence good labeling: The efficiency and distributional implications of several policy approaches[J]. American Journal of Agricultural Economics, 2007, 89(4):1020-1033.

[134] Rogers B. The social costs of Uber[M]. Social Science Electronic Publishing, 2015.

[135] Ross W H, Wieland C. Effects of interpersonal trust and time pressure on managerial mediation strategy in a simulated organizational dispute[J]. Journal

of Applied Psychology, 1996,81(3): 228-248.

[136] Rousseau D M, Sitkin S B, Burt R S, et al. Introduction to special topic forum: Not so different after all: A cross-discipline view of trust[J]. Academy of Management Review, 1998, 23(3):393-404.

[137] Rouviere E, Soubeyran R. Collective reputation, entry and minimum quality standard[R]. Working Papers, 2008(2008.7).

[138] Russell B, Slater J G. Human knowledge : its scope and limits[M]. Simon and Schuster, 1948.

[139] Saak A E. Collective reputation, social norms, and participation[J]. American Journal of Agricultural Economics, 2012, 94(3):763-785.

[140] Schaefers T, Lawson S J, Kukar-Kinney M. How the burdens of ownership promote consumer usage of access-based services[J]. Marketing Letters, 2016, 27(3):569-577.

[141] Schor J, Fitzmaurice C. Collaborating and connecting: the emergence of the sharing economy[C]. Edward Elgar Publishing, 2015:410-425.

[142] Schwitzgebel E. referential transparency[R]. Stanford Encyclopedia of Philosophy, 2006.

[143] Schumpeter J A. The theory of economic development[M]. Oxford University Press,1912.

[144] Sen A. Development as freedom[M]. Nueva York: Anchor Books, 1999.

[145] Shapiro C. Premiums for high quality products as returns to reputations[J]. Quarterly Journal of Economics, 1983, 98(4):659-679.

[146] Stern F. Making democracy work: Civic tradition in modern Italy[J]. Contemporary Sociology, 1993, 23(3):258.

[147] Stigler G J. The division of labor is limited by the extent of the market[J]. Journal of Political Economy, 1951, 59(3):185-193.

[148] Stokes K, Clarence E, Anderson L, Rinne A. Making sense of the UK collaborative economy[R]. London:Nesta and Collaborative Lab's Report, 2014.

[149] Sugden, R. The economics of rights, co-operation and welfare [M]. New York: Palgrave Macmillan, 2004.

[150] Sun G, Yang X, Yao S. Theoretical foundational of economic development based on networking decisions in the competitive market[R]. Harvard Center for international Development Working Paper No.17, 1999.

[151] Sun G Z, Yang X, Zhou L. General equilibria in large economies with endogenous structure of division of labor[J]. Journal of Economic Behavior & Organization, 2004, 55(2):237-256.

[152] Timothy P. Donahue. Community-supported agriculture: Opportunities for environmental education[J]. Journal of Environmental Education, 1994, 25(2):4-8.

[153] Tirole J. A theory of collective reputations (with applications to the persistence of corruption and to firm quality)[J]. Review of Economic Studies, 1996, 63(1): 1-22.

[154] Tullberg J. Trust-The importance of trustfulness versus trustworthiness[J]. Journal of Socio -Economics, 2008, 37(5):2059-2071.

[155] Tussyadiah I P. Factors of satisfaction and intention to use peer-to-peer accommodation[J]. International Journal of Hospitality Management, 2016, 55:70-80.

[156] Tversky A, Kahneman D. The framing of decisions and the rationality of choice

[J]. Science, 1981:503–520.

[157] Unger R W. Integration of Baltic and low countries grain markets, 1400–1800 [M]// The Interactions of Amsterdam and Antwerp with the Baltic region, 1400 –1800. Springer Netherlands, 1983:1-10.

[158] Warren, M.E. Democracy and trust [M] .New York: Cambridge University Press, 1999.

[159] Weitzman M L. The share economy[M]. Harvard University Press, 1984.

[160] Wen M. Division of labor in economic development[D]. PhD dissertation, Department of Economics, Monash University,1998.

[161] Williamson O E. Market and hierarchies: Analysis and antitrust implications [M]. New York:the Free Press, 1975.

[162] Williamson O E. Transaction-cost economics: The governance of contractual relations[J]. The Journal of Law and Economics, 1979, 22(2):233-261.

[163] Williamson O E. The economic institutions of capitalism[M]. New York: the Free Press, 1985.

[164] Williamson O E. The mechanisms of governance[M]. Oxford: Oxford University Press, 1996.

[165] Winfree J A, Mccluskey J J. Collective reputation and quality[J]. American Journal of Agricultural Economics, 2005, 87(1):206-213.

[166] Winter S G. An evolutionary theory of economic change[M]. Belknap Press of Harvard University Press, 1982.

[167] Wright A. Trust: Reason, routine, reflexivity[J]. Knowledge Management Research & Practice, 2006, 4(3):254-255.

[168] Wrightsman L S. Interpersonal trust and attitudes toward human nature[C].

Measures of Personality & Social Psychological Attitudes, 1991:373-412.

[169] Xiang G, Zhong S, Tan J, The evolutionary mechanism and economic effects of a sharing economy: An Infra-marginal analysis[R]. Working paper, 2108.

[170] Yang F, Tan J, Zhao Q, et al. Characteristics of PM2.5 speciation in representative megacities and across China[J]. Atmospheric Chemistry and Physics, 2011: 5207-5219.

[171] Yang X, Wills I. A model formalizing the theory of property rights[J]. Journal of Comparative Economics, 1990, 14(2):177-198.

[172] Yang X, Shi H L. Specialization and product diversity[J]. American Economic Review, 1992, 82(2):392-398.

[173] Yang X, Ng Y K. Specialization and economic organization:a new classical microeconomic framework[M]. Contributions to Economic Analysis, 1993.

[174] Yang X, Ng Y K. Theory of the firm and structure of residual rights[J]. Journal of Economic Behavior & Organization, 1995, 26(1):107-128.

[175] Yang X. Economics: New classical versus neoclassical frameworks[M]. Blackwell Publishers, 2001.

[176] Zak P J, Knack S. Trust and growth[J]. Economic Journal, 2010, 111(470): 295-321.

[177] Zucker L G. Production of trust: Institutional sources of economic structure, 1840-1920.[J]. Research in Organizational Behavior, 1986, 8(2):53-111.

[178] 艾尔·巴比. 社会研究方法 [M]. 北京：华夏出版社，2005.

[179] 班娟娟. 分享经济新风口刮向生产领域 [J]. 宁波经济（财经视点），2017，（11）:30-31.

[180] 保罗·布尔吉纳，让－皮埃尔·纳达尔. 认知经济学：跨学科观点 [M].

北京：中国人民大学出版社，2014.

[181] 蔡宁，贺锦江，王节祥. "互联网 +"背景下的制度压力与企业创业战略选择——基于滴滴出行平台的案例研究 [J]. 中国工业经济，2017，(3)：174-192.

[182] 陈畴镛，黄贝拉. 互惠性偏好下的供应链金融委托代理模型比较研究 [J]. 商业经济与管理，2015，34(12)：52-60.

[183] 陈金龙，占永志，邹小红. 核心企业主导型供应链金融的序贯互惠博弈模型 [J]. 工业工程，2017，20(3)：106-112.

[184] 陈卫平. 社区支持农业情境下生产者建立消费者食品信任的策略——以四川安龙村高家农户为例 [J]. 中国农村经济，2013，(2)：48-60.

[185] 陈卫平，黄娇，刘濛洋. 社区支持型农业的发展现况与前景展望 [J]. 农业展望，2011，7(1)：54-58.

[186] 陈卫平. 社区支持农业 (CSA) 消费者对生产者信任的建立：消费者社交媒体参与的作用 [J]. 中国农村经济，2015，(6)：33-46.

[187] 程存旺，石嫣，温铁军. 氮肥的真实成本 [J]. 绿叶，2013，(4)：77-88.

[188] 董高伟. 认知博弈、信息与社会 [J]. 社会科学家，2012，(8)：25-28.

[189] 董欢，郑晓冬，方向明. 社区支持农业的发展：理论基础与国际经验 [J]. 中国农村经济，2017，(1)：82-92.

[190] 甘凤婷. 网络经济中相关市场界定问题研究 [D]. 郑州大学，2012.

[191] 顾江洪. 信任与经济增长——基于分工和交易的视角 [M]. 北京：经济科学出版社，2013.

[192] 黄季焜. 共享经济在农业领域的发展 [J]. 中国农村科技，2017，(10)：18-27.

[193] 黄凯南，程臻宇. 认知理性与个体主义方法论的发展 [J]. 经济研究，2008，(7)：142-155.

[194] 黄翔. 混合型认识论中的个人主义方法论——评基切尔的最小化社会认识论 [J]. 自然辩证法通讯, 2008, 30(1):42-49.

[195] 何超, 张建琦, 刘衡. 分享经济：研究评述与未来展望 [J]. 经济管理, 2018, (1):191-208.

[196] 何大安. 选择偏好、认知过程与效用期望 [J]. 学术月刊, 2014, (6):49-59.

[197] 何大安. 西方理性选择理论演变脉络及其主要发展 [J]. 学术月刊, 2016, (3):48-56.

[198] 何秀荣.《中国农产品市场发育研究》书评 [J]. 农业经济问题, 2008, 29(2):95-98.

[199] 何维·莫林著, 童乙伦, 梁碧译. 合作的微观经济学：一种博弈论的阐释 [M]. 上海：格致出版社, 2011.

[200] 胡宝荣. 国外信任研究范式：一个理论述评 [J]. 学术论坛, 2013, 36(12):129-136.

[201] 胡卫中, 耿照源. 消费者支付意愿与猪肉品质差异化策略 [J]. 中国畜牧杂志, 2010, 46(8):31-33.

[202] 姜百臣, 朱桥艳, 欧晓明. 优质食用农产品的消费者支付意愿及其溢价的实验经济学分析——来自供港猪肉的问卷调查 [J]. 中国农村经济, 2013, (2):23-34.

[203] 姜树广, 韦倩. 信念与心理博弈：理论、实证与应用 [J]. 经济研究, 2013, (6):141-154.

[204] 江积海, 李琴. 平台型商业模式创新中连接属性影响价值共创的内在机理——Airbnb 的案例研究 [J]. 管理评论, 2016, 28(7):252-260.

[205] 靳明, 郑少锋. 我国绿色农产品市场中的博弈行为分析 [J]. 财贸经济, 2006, (6):38-41.

[206] 靳明，赵昶. 绿色农产品消费意愿和消费行为分析 [J]. 中国农村经济，2008,（5）:44-55.

[207] 克里斯·安德森. 长尾理论 [M]. 北京：中信出版社,2012.

[208] 肯·宾默尔著，谢识予等译. 博弈论教程 [M]. 格致出版社/上海三联出版社/上海人民出版社,2010.

[209] 孔令钰. 控氨大课题 [J]. 新世纪周刊,2014,（35）:62-66.

[210] 李军林，王麒植，姚东旻. 知识、信念与均衡——一个关于博弈均衡解理性支持系统的讨论 [J]. 教学与研究,2016,50（12）:68-76.

[211] 李涛，黄纯纯，何兴强，等. 什么影响了居民的社会信任水平？——来自广东省的经验证据 [J]. 经济研究,2008,（1）:137-152.

[212] 李想. 信任品质量的一个信号显示模型：以食品安全为例 [J]. 世界经济文汇,2011,（1）:87-108.

[213] 李想，石磊. 行业信任危机的一个经济学解释：以食品安全为例 [J]. 经济研究,2014,（1）:169-181.

[214] 李阳，安玉发，古川. 中国生鲜农产品食品安全事件分析及关键控制点定位 [J]. 经济与管理,2013,（5）:31-35.

[215] 刘德海，周婷婷，王维国. 反恐国际合作双重标准问题的序贯互惠博弈模型 [J]. 中国管理科学,2015,33（1）:301-309.

[216] 刘君. 分享经济融入都市生态农业发展：实践探索与基本遵循 [J]. 江淮论坛,2018,（2）:23-27.

[217] 刘丽伟. 我国发展社区支持农业的多功能价值及路径选择 [J]. 学术交流,2012,（9）:100-103.

[218] 卢曼 著，瞿铁鹏，李强 译. 信任：一个社会复杂性的简化机制 [M]. 上海：上海人民出版社,2005.

[219] 陆继霞. 替代性食物体系的特征与发展困境——以社区支持农业和巢状市场为例 [J]. 贵州社会科学, 2016, (4): 158-162.

[220] 罗伯特·K. 殷. 案例研究: 设计与方法(第4版) [M]. 重庆: 重庆大学出版社, 2010.

[221] 马化腾. 分享经济: 供给侧改革的新经济方案 [M]. 北京: 中信出版集团, 2016.

[222] 马克思. 马克思1844年经济学哲学手稿 [M]. 北京: 人民出版社, 1985.

[223] 南晓莉. 新兴古典分工理论在我国汽车产业中的应用分析及启示意义 [D]. 山东大学, 2006.

[224] 聂辉华. 新兴古典分工理论与欠发达区域的分工抉择 [J]. 经济科学, 2002, 24(3): 112-120.

[225] 诺思 著, 杭行 译. 制度、制度变迁与经济绩效 [M]. 上海: 格致出版社, 2008.

[226] 潘天群. 言语博弈与认知世界的变迁 [J]. 西南民族大学学报（人文社科版）, 2007, 28(11): 120-122.

[227] 彭泗清. 信任的建立机制: 关系运作与法制手段 [J]. 社会学研究, 1999, (2): 55-68.

[228] 青平, 严奉宪, 王慕丹. 消费者绿色蔬菜消费行为的实证研究 [J]. 农业经济问题, 2006, 27(6): 73-78.

[229] 任晓明, 谷飙. 博弈论的逻辑和认知基础.[J]. 西南大学学报（社会科学版）, 2007, 33(3): 102-106.

[230] 师伟. 基于DK动机公平模型的互惠效应研究 [D]. 重庆: 重庆大学, 2012.

[231] 史燕伟, 徐富明, 罗教讲, 等. 行为经济学中的信任: 形成机制及影响因素 [J]. 心理科学进展, 2015, 23(7): 1236-1244.

[232] 宋言东. 交易中的信任问题及其制度基础 [J]. 华东经济管理, 2004, 18(6): 52-55.

[233] 陶善信, 周应恒. 食品安全的信任机制研究 [J]. 农业经济问题, 2012, (10): 93-99.

[234] 万兴, 杨晶. 互联网平台选择、纵向一体化与企业绩效 [J]. 中国工业经济, 2017, (7): 156-174.

[235] 汪旭晖, 张其林. 平台型网络市场中的"柠檬问题"形成机理与治理机制——基于阿里巴巴的案例研究 [J]. 中国软科学, 2017, (10): 31-52.

[236] 王家宝, 薛曼, 敦帅. 基于多案例比较的中国情境下分享经济商业模式研究 [J]. 商业研究, 2017, 59(9): 21-27.

[237] 王希姝, 张玲漪, 赵海云. 浅谈"社区支持农业"模式在我国的发展 [J]. 中国经贸导刊, 2012, (25): 62-63.

[238] 王秀清, 孙云峰. 我国食品市场上的质量信号问题 [J]. 中国农村经济, 2002, (5): 27-32.

[239] 王迅, 陈金贤. 供应链合作关系互惠机制与合约机制的演化分析 [J]. 运筹与管理, 2008, 18(5): 26-31.

[240] 王永钦, 刘思远, 杜巨澜. 信任品市场的竞争效应与传染效应: 理论和基于中国食品行业的事件研究 [J]. 经济研究, 2014, (2): 141-154.

[241] 韦莲芳, 段菁春, 谭吉华, 等. 北京春季大气中氨的气粒相转化及颗粒态铵采样偏差研究 [J]. 中国科学: 地球科学, 2015, (2): 216-226.

[242] 西奥多·W·舒尔茨, 报酬递增的源泉 [M]. 北京: 中国人民大学出版社, 2016.

[243] 向国成, 韩绍凤. 小农经济效率分工改进论 [M]. 北京: 中国经济出版社, 2007.

[244] 向国成，韩绍凤．分工与农业组织化演进：基于间接定价理论模型的分析 [J]．经济学（季刊），2007, 6(2)：513-538.

[245] 向国成，李真子．实现经济的高质量稳定发展：基于新兴古典经济学视角 [J]．社会科学，2016,（7）：57-63.

[246] 向国成，钟世虎，谌亭颖，等．分享经济的微观机理研究：新兴古典与新古典 [J]．管理世界，2017a,（8）：170-171.

[247] 向国成，谌亭颖，钟世虎，等．分工、均势经济与共同富裕 [J]．世界经济文汇，2017b,（5）：40-54.

[248] 向国成，邓明君．信任行为：从理性计算到认知博弈的范式转变 [J]．南方经济，2018, 37(5)：69-84.

[249] 谢志刚．"共享经济"的知识经济学分析——基于哈耶克知识与秩序理论的一个创新合作框架 [J]．经济学动态，2015,（12）：78-87.

[250] 许民利，郭沙沙．基于序贯互惠均衡的委托代理信任研究 [J]．山东大学学报（理版），2013, 48(3)：42-47.

[251] 颜色，徐萌．晚清铁路建设与市场发展 [J]．经济学（季刊），2015, 14(2)：779-800.

[252] 杨小凯．经济学原理 [M]．北京：中国社会科学出版社，1998.

[253] 杨小凯．新兴古典经济学与超边际分析 [M]．北京：社会科学文献出版社，2003.

[254] 杨小凯．经济学：新兴古典与新古典框架 [M]．北京：社会科学文献出版社，2003.

[255] 杨波．"社区支持农业（CSA）"的流通渠道分析：基于和主流渠道对比的视角 [J]．消费经济，2012,（5）：21-25.

[256] 杨妍妍，李金香，梁云平，等．应用受体模型（CMB）对北京市大气

PM2.5来源的解析研究 [J]. 环境科学学报, 2015, 35 (9): 2693-2700.

[257] 杨玉泉. 西方市场失灵理论评析 [J]. 武警学院学报, 2002, 18 (1): 76-77.

[258] 伊丽莎白·亨德森, 罗宾·范·恩. 分享收获: 社区支持农业指导手册 [M]. 中国人民大学出版社, 2012.

[259] 张立胜, 陆娟. 质量标志与农产品品牌信任研究 [J]. 商业研究, 2012, (2): 42-49.

[260] 张维迎, 柯荣住. 信任及其解释: 来自中国的跨省调查分析 [J]. 经济研究, 2002, (10): 59-70+96.

[261] 张永林. 网络、信息池与时间复制——网络复制经济模型 [J]. 经济研究, 2014, (2): 171-182.

[262] 张永林. 互联网、信息元与屏幕化市场——现代网络经济理论模型和应用 [J]. 经济研究, 2016, (9): 147-161.

[263] 郑志来. 供给侧视角下共享经济与新型商业模式研究 [J]. 经济问题探索, 2016, (6): 15-20.

[264] 周文. 分工、信任与企业成长 [M]. 商务印书馆, 2009: 48.

[265] 周怡. 信任模式与市场经济秩序——制度主义的解释路径 [J]. 社会科学, 2013, (6): 58-69.

[266] 邹文篪, 田青, 刘佳. "投桃报李"——互惠理论的组织行为学研究述评 [J]. 心理科学进展, 2012, 20 (11): 1879-1888.

附　录

附录 A　求生产完全分工结构 C 的步骤

1. 第一类生产专家的决策问题为：

$$\max U = x k r_1 k r_2^d \, y^d k r_1 k r_2^d \, z^d \tag{1}$$

$$\text{s.t.} \quad X^p = x + x^s = l_x^a, \quad R_1^p = r_1 = l_{r_1}^a \tag{1.1}$$

$$l_x + l_{r_1} = 1 \tag{1.2}$$

$$p_x x^s = p_y y_1^d + p_z z_1^d + p_{r_2} r_{2_1}^d \tag{1.3}$$

其解为：

$$U_1 = \frac{k^4 p_x^4}{p_y p_z p_{r_2}^2} \frac{5^{5a-5} 2^{2a+2}}{7^{7a}} \tag{1.4}$$

$$y_1^d = \frac{p_x}{5 p_y}\left(\frac{5}{7}\right)^a, \quad z_1^d = \frac{p_x}{5 p_z}\left(\frac{5}{7}\right)^a, \quad r_{2_1}^d = \frac{2 p_x}{5 p_{r_2}}\left(\frac{5}{7}\right)^a \tag{1.5}$$

$$x = \frac{1}{5}\left(\frac{5}{7}\right)^a, \quad x^s = \frac{4}{5}\left(\frac{5}{7}\right)^a \tag{1.6}$$

$$l_x = \frac{5}{7}, \quad l_{r_1} = \frac{2}{7} \tag{1.7}$$

2. 第二类生产专家的决策问题为：

$$\max U = y k r_1 k r_2^d \, x^d k r_1 k r_2^d \, z^d \tag{2}$$

$$\text{s.t.} \quad Y^\rho = y + y^s = l_y^a \ , \quad R_1^p = r_1 = l_{r_1}^a \tag{2.1}$$

$$l_y + l_{r_1} = 1 \tag{2.2}$$

$$p_y y^s = p_x x_2^d + p_z z_2^d + p_{r_2} r_{2_2}^d \tag{2.3}$$

其解为：

$$U_2 = \frac{k^4 p_y^4}{p_x p_z p_{r_2}^2} \frac{5^{5a-5} 2^{2a+2}}{7^{7a}} \tag{2.4}$$

$$x_2^d = \frac{p_y}{5p_x}\left(\frac{5}{7}\right)^a \ , \quad z_2^d = \frac{p_y}{5p_z}\left(\frac{5}{7}\right)^a \ , \quad r_{2_2}^d = \frac{2p_y}{5p_{r_2}}\left(\frac{5}{7}\right)^a \tag{2.5}$$

$$y = \frac{1}{5}\left(\frac{5}{7}\right)^a \ , \quad y^s = \frac{4}{5}\left(\frac{5}{7}\right)^a \tag{2.6}$$

$$l_y = \frac{5}{7} \ , \quad l_{r_1} = \frac{2}{7} \tag{2.7}$$

3. 第三类生产专家的决策问题为：

$$\max U = zkr_1 kr_2^d x^d kr_1 kr_2^d y^d \tag{3}$$

$$\text{s.t.} \quad Z^\rho = z + z^s = l_z^a, R_1^p = r_1 = l_{r_1}^a \tag{3.1}$$

$$l_z + l_{r_1} = 1 \tag{3.2}$$

$$p_z z^s = p_x x_3^d + p_y y_3^d + p_{r_2} r_{2_2}^d \tag{3.3}$$

其解为：

$$U_3 = \frac{k^4 p_z^4}{p_x p_y p_{r_2}^2} \frac{5^{5a-5} 2^{2a+2}}{7^{7a}} \tag{3.4}$$

$$x_3^d = \frac{p_z}{5p_x}\left(\frac{5}{7}\right)^a \ , \quad y_3^d = \frac{p_z}{5p_y}\left(\frac{5}{7}\right)^a \ , \quad r_2^d = \frac{p_z}{5p_r}\left(\frac{5}{7}\right)^a \tag{3.5}$$

$$z = \frac{1}{5}\left(\frac{5}{7}\right)^a \ , \quad z^s = \frac{4}{5}\left(\frac{5}{7}\right)^a \tag{3.6}$$

$$l_z = \frac{5}{7} \ , l_{r_1} = \frac{2}{7} \tag{3.7}$$

4. 第四类生产专家的决策问题为：

$$\max U = kr_1 r_2 x^d kr_1 r_2 y^d kr_1 r_2 z^d \tag{4}$$

$$\text{s.t.} \quad R_2^p = r_2 + r_2^s = l_{r_2}^a \quad , \quad R_1^p = r_1 = l_{r_1}^a \tag{4.1}$$

$$l_{r_2} + l_{r_1} = 1 \tag{4.2}$$

$$p_{r_2} r_2^s = p_x x_4^d + p_y y_4^d + p_z z_4^d \tag{4.3}$$

其解为：

$$U_4 = \frac{k^3 p_{r_2}^3}{p_x p_y p_z} \frac{2^{6a-6}}{3^{9a+3}} \tag{4.4}$$

$$x_4^d = \frac{p_{r_2}}{6p_x}\left(\frac{2}{3}\right)^a, \quad y_4^d = \frac{p_{r_2}}{6p_y}\left(\frac{2}{3}\right)^a, \quad z_4^d = \frac{p_{r_2}}{6p_z}\left(\frac{2}{3}\right)^a \tag{4.5}$$

$$r_2 = r_2^s = \frac{1}{2}\left(\frac{2}{3}\right)^a \tag{4.6}$$

$$l_{r_2} = \frac{2}{3} \quad , \quad l_{r_1} = \frac{1}{3} \tag{4.7}$$

生产完全分工的结构 C 存在均衡的必要条件(即最优角点均衡条件)为效用均等化条件、市场出清条件和人口规模等式为：

$$U_1 = U_2 = U_3 = U_4$$
$$M_4 r_2^s = M_1 r_{2_1}^d + M_2 r_{2_2}^d + M_3 r_{2_3}^d$$
$$M = M_1 + M_2 + M_3 + M_4$$

其中，M_1、M_2、M_3 和 M_4 分别是结构 C 中第一类、第二类、第三类和第四类生产专家的人数。

结构 C 角点均衡时可得到均衡相对价格、均衡相对人数和均衡人均真实收入：

$$p_x / p_y / p_z = 1 \tag{5}$$

$$p_x / p_{r_2} = 0.3245(0.7348)^a k^{1/5} \tag{6}$$

$$M_1 / M_2 / M_3 = 1$$
$$M_4 / M_1 = 0.7788(0.7873)^a k^{1/5} \tag{7}$$

$$U_C^* = U_1 = U_2 = U_3 = U_4 = 0.105(0.54)^a k^{22/5} \frac{5^{5a-5} 2^{2a+2}}{7^{7a}} \tag{8}$$

附录 B　求服务完全分工结构 *D* 的步骤

第一类生产专家的决策问题为：

$$\max U = xkkr_1^d kr_2^d y^d z \tag{9}$$

$$\text{s.t.} \quad X^\rho = x + x^s = l_x^a, \ Z_1^p = z_1 = l_z^a \tag{9.1}$$

$$l_x + l_z = 1 \tag{9.2}$$

$$p_x x^s = p_y y_1^d + p_{r_1} r_{1_1}^d + p_{r_2} r_{2_1}^d \tag{9.3}$$

其解为：

$$U_1 = \frac{k^3 p_x^3}{p_y p_{r_1} p_{r_2}} \frac{4^{4a-4}}{5^{5a}} \tag{9.4}$$

$$y_1^d = \frac{p_x}{4p_y}\left(\frac{4}{5}\right)^a, \ r_{1_1}^d = \frac{p_x}{4p_{r_1}}\left(\frac{4}{5}\right)^a, \ r_{2_1}^d = \frac{p_x}{4p_{r_2}}\left(\frac{4}{5}\right)^a \tag{9.5}$$

$$x = \frac{1}{4}\left(\frac{4}{5}\right)^a, \ x^s = \frac{1}{4}\left(\frac{4}{5}\right)^a \tag{9.6}$$

$$l_x = \frac{4}{5}, \ l_z = \frac{1}{5} \tag{9.7}$$

第二类生产专家的决策问题为：

$$\max U = ykkr_1^d kr_2^d x^d z \tag{10}$$

$$\text{s.t.} \quad Y^\rho = y + y^s = l_y^a \ , \ Z_1^p = z_1 = l_z^a \tag{10.1}$$

$$l_y + l_z = 1 \tag{10.2}$$

$$p_y y^s = p_x x_2^d + p_{r_1} r_{1_2}^d + p_{r_2} r_{2_2}^d \tag{10.3}$$

其解为：

$$U_2 = \frac{k^3 p_y^3}{p_x p_{r_1} p_{r_2}} \frac{4^{4a-4}}{5^{5a}} \tag{10.4}$$

$$x_2^d = \frac{p_y}{4p_x}\left(\frac{4}{5}\right)^a, \ r_{1_2}^d = \frac{p_y}{4p_{r_1}}\left(\frac{4}{5}\right)^a, \ r_{2_2}^d = \frac{p_y}{4p_{r_2}}\left(\frac{4}{5}\right)^a \tag{10.5}$$

$$y = \frac{1}{4}\left(\frac{4}{5}\right)^a, \ y^s = \frac{1}{4}\left(\frac{4}{5}\right)^a \tag{10.6}$$

$$l_y = \frac{4}{5} \, , \, l_z = \frac{1}{5} \tag{10.7}$$

第三类生产专家的决策问题为：

$$\max U = z k r_1 k r_2^d x^d k r_1 k r_2^d y^d \tag{11}$$

$$\text{s.t.} \quad R_1^p = r_1 + r_1^s = l_{r_1}^a, \, Z^p = z = l_z^a \tag{11.1}$$

$$l_{r_1} + l_z = 1 \tag{11.2}$$

$$p_{r_1} r_1^s = p_x x_3^d + p_y y_3^d + p_{r_2} r_{2_3}^d \tag{11.3}$$

其解为：

$$U_3 = \frac{k^4 p_{r_1}^4}{3^4 p_x p_y p_{r_2}^2} \frac{6^{6a-2}}{7^{7a}} \tag{11.4}$$

$$x_3^d = \frac{p_{r_1}}{6 p_x}\left(\frac{6}{7}\right)^a, \, y_3^d = \frac{p_{r_1}}{6 p_y}\left(\frac{6}{7}\right)^a, \, r_{2_3}^d = \frac{p_{r_1}}{3 p_{r_2}}\left(\frac{6}{7}\right)^a \tag{11.5}$$

$$r_1 = \frac{1}{3}\left(\frac{6}{7}\right)^a, \, r_1^s = \frac{2}{3}\left(\frac{6}{7}\right)^a \tag{11.6}$$

$$l_{r_1} = \frac{6}{7} \, , \, l_z = \frac{1}{7} \tag{11.7}$$

第四类生产专家的决策问题为：

$$\max U = z k r_2 k r_1^d x^d k r_2 k r_1^d y^d \tag{12}$$

$$\text{s.t.} \quad R_2^p = r_2 + r_2^s = l_{r_2}^a \, , \, Z^p = z = l_z^a \tag{12.1}$$

$$l_{r_2} + l_z = 1 \tag{12.2}$$

$$p_{r_2} r_2^s = p_x x_4^d + p_y y_4^d + p_{r_1} r_{1_4}^d \tag{12.3}$$

其解为：

$$U_4 = \frac{k^4 p_{r_2}^4}{3^4 p_x p_y p_{r_1}^2} \frac{6^{6a-2}}{7^{7a}} \tag{12.4}$$

$$x_4^d = \frac{p_{r_2}}{6 p_x}\left(\frac{6}{7}\right)^a, \, y_4^d = \frac{p_{r_2}}{6 p_y}\left(\frac{6}{7}\right)^a, \, r_{1_4}^d = \frac{p_{r_2}}{3 p_{r_1}}\left(\frac{6}{7}\right)^a \tag{12.5}$$

$$r_2 = \frac{1}{3}\left(\frac{6}{7}\right)^a, \, r_2^s = \frac{2}{3}\left(\frac{6}{7}\right)^a \tag{12.6}$$

$$l_{r_2} = \frac{6}{7}, \, l_z = \frac{1}{7} \tag{12.7}$$

服务完全分工的结构 D 存在均衡的必要条件（即最优角点均衡条件）为效用均等化条件、市场出清条件和人口规模等式为：

$$U_1 = U_2 = U_3 = U_4$$

$$M_4 r_2^s = M_1 r_{2_1}^d + M_2 r_{2_2}^d + M_3 r_{2_3}^d$$

$$M = M_1 + M_2 + M_3 + M_4 。$$

其中，M_1、M_2、M_3 和 M_4 分别是结构 D 中第一类、第二类、第三类和第四类生产专家的人数。

结构 D 角点均衡时可得到均衡相对价格、均衡相对人数和均衡人均真实收入：

$$p_x / p_y = 1 \tag{13}$$

$$p_x / p_{r_1} = 1.837 (0.9119)^a (1 - s\sqrt{3})^{1/4} \tag{14}$$

$$p_{r_1} / p_{r_2} = 1 \tag{15}$$

$$M_1 / M_2 = 1 \tag{16}$$

$$M_3 / M_1 = 2.756 (0.8511)^a (1 - s\sqrt{3})^{1/4} \tag{17}$$

$$M_3 / M_4 = 1 \tag{18}$$

$$U_D^* = U_1 = U_2 = U_3 = U_4 = \frac{1}{470} (0.074703)^a (1 - s\sqrt{3})^{13/4} \tag{19}$$

附录 C 求解生产和服务完全分工结构 E 的步骤

第一类生产专家的决策问题为：

$$\max U = x k k r_1^d k r_2^d y^d k k r_1^d k r_2^d z^d \tag{20}$$

$$\text{s.t.} \quad X^\rho = x + x^s = l_x^a \tag{20.1}$$

$$l_x = 1 \tag{20.2}$$

$$p_x x^s = p_y y_1^d + p_z z_1^d + p_{r_1} r_{1_1}^d + p_{r_2} r_{2_1}^d \tag{20.3}$$

其解为:

$$U_1 = \frac{2^4}{7^7} \frac{k^6 p_x^6}{p_y p_z p_{r_1}^2 p_{r_2}^2} \tag{20.4}$$

$$y_1^d = \frac{p_x}{7p_y} \ , \ z_1^d = \frac{p_x}{7p_z} \ , \ r_{1_1}^d = \frac{2p_x}{7p_{r_1}} \ , \ r_{2_1}^d = \frac{2p_x}{7p_{r_2}} \tag{20.5}$$

$$x = \frac{1}{7} \ , \ x^s = \frac{6}{7} \tag{20.6}$$

第二类生产专家的决策问题为:

$$\max U = ykkr_1^d kr_2^d x^d kkr_1^d kr_2^d z^d \tag{21}$$

$$\text{s.t.} \quad Y^\rho = y + y^s = l_y^a \tag{21.1}$$

$$l_y = 1 \tag{21.2}$$

$$p_y y^s = p_x x_2^d + p_z z_2^d + p_{r_1} r_{1_2}^d + p_{r_2} r_{2_2}^d \tag{21.3}$$

其解为:

$$U_2 = \frac{2^4}{7^7} \frac{k^6 p_y^6}{p_x p_z p_{r_1}^2 p_{r_2}^2} \tag{21.4}$$

$$x_2^d = \frac{p_y}{7p_x} \ , \ z_2^d = \frac{p_y}{7p_z} \ , \ r_{1_2}^d = \frac{2p_y}{7p_{r_1}} \ , \ r_{2_2}^d = \frac{2p_y}{7p_{r_2}} \tag{21.5}$$

$$y = \frac{1}{7}, \ y^s = \frac{6}{7} \tag{21.6}$$

第三类生产专家的决策问题为:

$$\max U = zkkr_1^d kr_2^d x^d kkr_1^d kr_2^d y^d \tag{22}$$

$$\text{s.t.} \quad Z^\rho = z + z^s = l_z^a \tag{22.1}$$

$$l_z = 1 \tag{22.2}$$

$$p_z z^s = p_x x_3^d + p_y y_3^d + p_{r_1} r_{1_3}^d + p_{r_2} r_{2_3}^d \tag{22.3}$$

其解为:

$$U_3 = \frac{2^4}{7^7} \frac{k^6 p_z^6}{p_x p_y p_{r_1}^2 p_{r_2}^2} \tag{22.4}$$

$$x_3^d = \frac{p_z}{7p_x} \ , \ y_3^d = \frac{p_z}{7p_y} \ , \ r_{1_3}^d = \frac{2p_z}{7p_{r_1}} \ , \ r_{2_3}^d = \frac{2p_z}{7p_{r_2}} \quad (22.5)$$

$$z = \frac{1}{7} \ , \ z^s = \frac{6}{7} \quad (22.6)$$

第四类生产专家的决策问题为：

$$\max U = kr_1 kr_2^d x^d kr_1 kr_2^d y^d kr_1 kr_2^d z^d \quad (23)$$

$$\text{s.t.} \quad R_1^p = r_1 + r_1^s = l_{r_1}^a \quad (23.1)$$

$$l_{r_1} = 1 \quad (23.2)$$

$$p_{r_1} r_1^s = p_x x_4^d + p_y y_4^d + p_z z_4^d + p_{r_2} r_{2_4}^d \quad (23.3)$$

其解为：

$$U_5 = \frac{1}{3^{12}} \frac{k^6 p_{r_2}^6}{p_x p_y p_z p_{r_1}^3} \quad (23.4)$$

$$x_4^d = \frac{p_{r_1}}{9p_x} \ , \ y_4^d = \frac{p_{r_1}}{9p_y} \ , \ z_4^d = \frac{p_{r_1}}{9p_z} \ , \ r_{2_4}^d = \frac{p_{r_1}}{3p_{r_2}} \quad (23.5)$$

$$r_1 = \frac{1}{3} \ , \ r_1^s = \frac{2}{3} \quad (23.6)$$

第五类生产专家的决策问题为：

$$\max U = kk r_1^d r_2 x^d kk r_1^d r_2 y^d kk r_1^d r_2 z^d \quad (24)$$

$$\text{s.t.} \quad R_2^p = r_2 + r_2^s = l_{r_2}^a \quad (24.1)$$

$$l_{r_2} = 1 \quad (24.2)$$

$$p_{r_2} r_2^s = p_x x_5^d + p_y y_5^d + p_z z_5^d + p_{r_1} r_{1_5}^d \quad (24.3)$$

其解为：

$$U_5 = \frac{1}{3^{12}} \frac{k^6 p_{r_2}^6}{p_x p_y p_z p_{r_1}^3} \quad (24.4)$$

$$x_5^d = \frac{p_{r_2}}{9p_x} \ , \ y_5^d = \frac{p_{r_2}}{9p_y} \ , \ z_5^d = \frac{p_{r_2}}{9p_z} \ , \ r_{1_5}^d = \frac{p_{r_2}}{3p_{r_1}} \quad (24.5)$$

$$r_2 = \frac{1}{3} , \ r_2^s = \frac{2}{3} \quad (24.6)$$

利用生产和服务完全分工结构的效用均等化条件、市场出清条件和人口规模等式为：

$$U_1 = U_2 = U_3 = U_4 = U_5$$

$$M_5 r_2^s = M_1 r_{2_1}^d + M_2 r_{2_2}^d + M_3 r_{2_3}^d + M_4 r_{2_4}^d$$

$$M = M_1 + M_2 + M_3 + M_4 + M_5。$$

其中，M_1、M_2、M_3、M_4 和 M_5 分别是结构 E 中第一类、第二类、第三类、第四类和第五类生产专家的人数。

结构角点 E 均衡时可得到：

$$p_x / p_y / p_z = 1 \tag{25}$$

$$p_x / p_{r_1} = 0.716 \tag{26}$$

$$p_{r_1} / p_{r_2} = 1 \tag{27}$$

$$M_1 / M_2 / M_3 = 1 \tag{28}$$

$$M_4 / M_1 = 1.84 \tag{29}$$

$$M_5 / M_4 = 1 \tag{30}$$

$$U_E^* = \frac{(1.432)^4}{7^7} (1 - s\sqrt{4})^6 \tag{31}$$